優勝請負人の足跡

2006年〜2014年

3度の都市対抗優勝と日本選手権制覇

▶ 2008年、新日本石油ENEOSの監督として初めて都市対抗を制し、宙を舞った
［写真上］2012年は、夏の都市対抗に続き秋の日本選手権も制した
［写真下］2013年に都市対抗連覇。翌年にかけて同大会13連勝を果たす

慶大監督として3度のリーグ戦制覇

▶ 2017年秋に、慶応大監督としての初優勝を遂げた
[写真上] 2018年春もリーグ戦を連覇。パレードで笑顔を見せた
[写真下] 2019年秋に3度目のV(大学での優勝祝賀会にて)

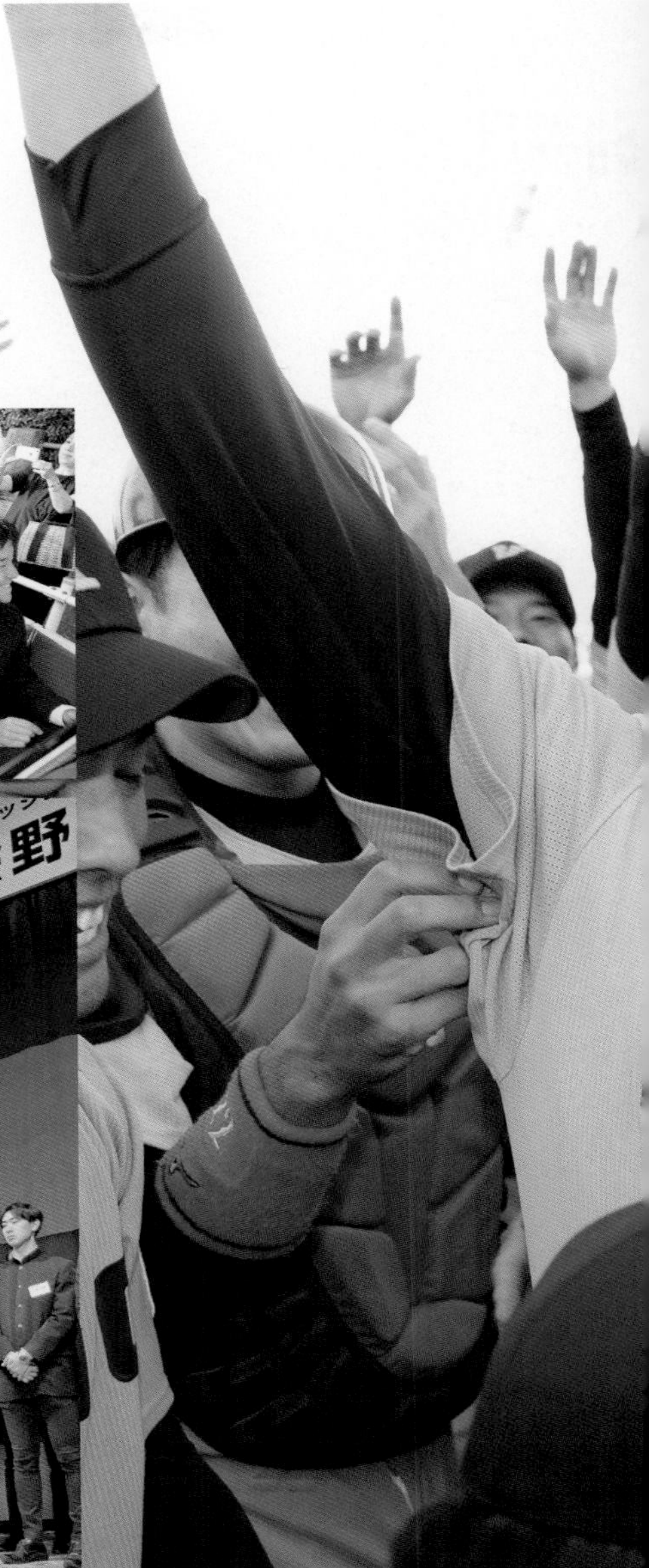

現役時代

▲強打の捕手として鳴らしていた慶大時代

▲ 1996 年のアトランタ五輪では銀メダルを獲得した
▶日本石油時代のバッティングフォーム

▲ 1996年のドラフトで6位指名され近鉄に入団（右から３人目）
◀プロでは実働３年で83 試合に出場し、打率.232、２本塁打（写真は2000年）

ENEOSの監督へと復帰

▲ 2019年12月に古巣へと復帰。再び社会人野球の舞台に戻ってきた

▲コロナに見舞われた2020年には、都市対抗100勝の大台に乗せた

優勝請負人の導く力

ENEOS
大久保秀昭の流儀
［野球部監督］

写真／ベースボール・マガジン社（カバー撮影＝小山真司）
装丁・デザイン／イエロースパー
取材・構成／佐伯　要
校正／中野聖己

優勝請負人の導く力 目次

第2章 人を導く

第3章 チームを導く

はじめに
「呼ばれた場所で結果を出す」

「大久保、頼む。力を貸してくれ」

2019年6月。慶應義塾大学で監督を務めていた私は、ENEOSホールディングスの杉森務代表取締役会長から身に余るほどありがたいお言葉を掛けていただきました。

JX－ENEOS（後にENEOS）はその年の5月に開催された都市対抗野球大会西関東予選の代表決定リーグ戦で三菱日立パワーシステムズ（後に三菱重工East）に5対6、東芝に2対7で敗れ、4年連続して都市対抗出場を逃していました。仮に翌2020年も都市対抗の本選に出られないようなことがあれば、休部なり廃部なりになってしまうのではないか……。ENEOS野球部に存続の危機が迫っていました。

私がENEOSの監督として2012年、2013年の都市対抗で51年ぶりに連覇を達成したとき、野球部長を務めておられたのが杉森会長です。恩人である杉森会長からの直々のお言葉とはいえ、即答はできませんでした。慶大の監督としての任期が2020年いっぱいまで残っていたからです。

私は2014年のシーズン終了後にENEOSの監督を退任して、慶大の監督に就任しました。指導している学生たちは、メチャクチャかわいい。彼らとの信頼関係もしっかり築けていましたし、戦力も充実していました。2017年秋と2018年春に東京六大学リーグ戦で優勝を果たしましたが、2019年のチームも、その次の2020年のチームもリーグ優勝や日本一を狙える力がある。そんな手応えを感じていたところでした。

任期まで慶大に残るべきか、それとも任期を待たずにENEOSに復帰するべきか。迷いはありました。

監督という仕事は、呼ばれた場所で結果を出すもの。私には、自分でチームを選り好みする思いはありません。慶大の監督に就任するとき、ENEOSから「また戻ってきてくれ」というお話はありました。

でも、私は「慶大へは片道切符だ。帰りの切符の保証はない。慶大の任期が終了すれば、そのときにまた呼ばれた場所でお役に立てればいい」と考えていました。

呼ばれた場所――。慶大の野球部はリーグ戦で優勝できなかったからといって、休部や廃部になることは考えられません。その一方で、ＥＮＥＯＳからは強く求められていました。形としては「復帰」。でも、実際は「再チャレンジ」。挑戦し続ける場所を与えていただけるというのは本当にありがたいことですし、呼ばれたことを意気に感じました。

呼ばれた場所である以上、期待に応えなければなりません。ＥＮＥＯＳ野球部の存続の危機を回避する。そのためには、すぐに「都市対抗出場」という結果を出さなければいけない。当然、そのプレッシャーはありました。

しかし、監督の仕事には常にプレッシャーがつきものです。結果が出なければ、「辞めろ」と言われてしまいます。もし言われなくても、私のほうから進退伺いを出すつもりでいます。プレッシャーがあるという意味では、慶大に残ろうがＥＮＥＯＳに復帰しようが、同じことでした。

はじめに

私はＥＮＥＯＳ復帰を決意しました。７月になって「お引き受けします」と、ＥＮＥＯＳホールディングスの松本啓介広報部長（当時）にお伝えしました。慶大野球部ＯＢ会『三田倶楽部』との話し合いも進み、後任の監督も当時ＪＲ東日本の監督だった堀井哲也さんが引き受けてくださることになって、ＥＮＥＯＳの監督就任が正式に決まりました。

２０１９年秋、慶大の監督としてのラストシーズンには、学生たちがリーグ優勝（３季ぶり37回目）と明治神宮大会での日本一（19年ぶり４回目）という最高のプレゼントを贈ってくれました。みんな、ありがとう！

その年の12月、ＥＮＥＯＳの監督に就任しました。２０２０年には５年ぶり50回目の都市対抗本選出場を決め、１回戦で東邦ガスに６対０で勝利。最低限の結果は出せたとホッとしました。

そんなとき、ベースボール・マガジン社から「本を出しませんか」とお話をいただきました。求められるのは、やはりありがたいこと。意気に感じました。

ただ、私には「これをすれば勝てる」という特別な理論やセオリー、成功の方程式はありません。したがって、この本には「材料はコレとコレ、調味料はコレとコレを使って、こう作ればおいしい料理が出来上がりますよ」という、一流シェフのレシピのようなものは書けません。

書けるのは、私の経験だけ。ＥＮＥＯＳと慶大が日本一になるまでのことを振り返ると、こんなことを考えて、こんなことをやっていた。それがこういう結果につながった――というお話です。言ってみれば15年間（ＥＮＥＯＳで計10年、慶大で5年）にわたって毎日毎日、継ぎ足してきた「秘伝のタレ」のようなものです。

監督の仕事には「勝利」と「育成」という二本の柱があります。

とにかくチームを勝利に導かなければいけない。しかし、ただ勝てばいいのかというと、そうではない。野球の技術向上はもちろん、野球をとおして人が育つように導き、チームが育つように導いていかなければなりません。

第1章「勝利に導く」では、「監督とは」という私の信念や考えをはじめ、どういう取り組みが勝利につながったのか、監督として試合前や試合中に考えていることは何かなどをお伝えします。

第2章「人を導く」では、私が選手にどんな言葉を掛け、どのように接してきたかをお伝えします。野球が上手というだけではなく、人間性も素晴らしい人材になるように、監督としてどう導くか。人としての成長は、心の成長。心が成長すれば、野球もうまくなっていきます。また、チーム内にそういう人材を一人でも多くしていくことで、いいチームになっていきます。

第3章「チームを導く」では、ENEOS野球部や慶大野球部がどんな過程を経て「個人の集まり」から「チーム」になっていったかをお伝えします。

私は「思い邪なし」という言葉を大切にしています。『論語』に出てくる孔子の言葉で「思うところに邪念がない。偽りや飾ったところがない」という意味です。

この本が、読んでくださった方々にとって、少しでもお役に立てるなら……。何か一つでもヒントになって、ご自身ならではの指導法を作り上げていくきっかけになれば……。「思い邪なし」の精神で、書き進めていきたいと思っています。

第1章

勝利に導く

「勝ったら、選手のおかげ　負けたら、監督の責任」

私は２００４年から横浜（後に横浜ＤｅＮＡ）の二軍である湘南シーレックス（当時）で打撃コーチを務めていましたが、２００５年の12月に新日本石油ＥＮＥＯＳ（後にＥＮＥＯＳ）の監督に就任しました。

その３ヵ月後の２００６年３月。ＪＡＢＡ東京スポニチ大会では１回戦で敗退しました。４月のＪＡＢＡ岡山大会でも２回戦敗退。６月には都市対抗の神奈川県二次予選がありましたが、敗者復活２回戦で敗退……。就任して半年くらいでは、やはりチームをうまく把握しきれないままでした。

都市対抗出場を３年連続で逃したのは、１９５０年の創部以来、初めてのこと。社内の風当たりは厳しいものでした。

その年の都市対抗の期間は、中心選手が補強選手に選ばれて都市対抗に出場したため、不在でした。

私はその間に残った若手選手を鍛えに鍛えました。入社2年目だった外野手の平田大門、新人の捕手・山岡剛、遊撃手の樋口渉らは連日、早朝練習と居残り練習でヘトヘトになるまでバットを振り、ノックを受けていました。

その成果で山岡、樋口、平田がレギュラーとして固定できるようになって、センターラインがしっかりしてきた。それが何とか秋につながり、11月の日本選手権では準決勝まで勝ち上がることができました。

そのときの若手の一人が、横浜商大高から2005年に入社した田澤純一（2021年から台湾プロ野球・味全ドラゴンズ）です。彼は高校2年の夏に背番号10で甲子園に出場しましたが、登板はなし。入社当時は全国的にはまだ無名の右腕でした。

私は、150キロを超える直球を投げる田澤をリリーフとして起用していました。

2006年の日本選手権では1回戦から3回戦までの3試合で最終回を無失点に抑えて、

準決勝進出の原動力になってくれました。

田澤のドラフトでの指名が解禁となる入社3年目（2007年）の都市対抗。2回戦の鷺宮製作所戦では1対3で迎えた7回から救援して、3失点。試合は1対6で完敗しました。大学・社会人ドラフトの当時の「逆指名」にあたる希望入団枠候補にリストアップされていましたが、私は「先発として、公式戦の防御率0点台か1点台の前半でプロ入りしたほうが、さらに活躍できる可能性が広がるよ」と話しました。

田澤も「僕が成長できたのも、ENEOSのおかげ。都市対抗で優勝して、会社に恩返ししてからプロへ行きたい」と、残留を決断してくれました。

ENEOSのために投げる——。田澤は真のエースに成長しました。

2008年のJABA東京スポニチ大会では準々決勝のJFE東日本戦で大会新記録の18奪三振。同年の都市対抗では全5試合（28回⅓）に登板して4勝、防御率1・27をマークして、13年ぶりの優勝に貢献。田澤は橋戸賞（MVP）を受賞しました。この後、田澤はメジャー・リーグへの挑戦を表明して、ボストン・レッドソックスと契約しました。

監督就任3年目での都市対抗優勝——といっても、9年間プロの世界にいて社会人野球から離れていたこともあって、チーム作りやマネジメントの部分では試行錯誤の連続でした。

まわりの人たちは「プロ経験者が監督になれば、簡単に勝つのではないか」と思ったかもしれません。

でも、そんなに甘いものではない。当時を振り返ると、「まず結果を出さないといけない」という強い思いだけ。目指すチーム像や自分なりの野球観を選手たちに伝えてはいましたが、とにかくグラウンドで気持ちをぶつけていただけで、「監督とは?」「チーム作りとは?」と考えてはいませんでした。

その中で田澤、山岡、樋口らが中心となって、チームを都市対抗優勝まで導いてくれた。勝てたのは、選手のおかげでした。

孫子の言葉に「進んで名を求めず　退いて罪を避けず」があります。成功しても名誉を求めない。失敗しても責任を回避しない。まさにこの言葉のとおり。勝ったら選手のおかげ、負けたら監督の責任です。この思いは、私がはじめにＥＮＥＯＳの監督を請け負ったときから現在まで、変わりません。

もちろん、勝つのはうれしいです。でも、「オレが勝たせてやった」ではありません。勝利に導くための戦略や戦術は大事な部分であり、監督の仕事ではあります。でも、采配に応えてくれる選手がいなかったら、成り立ちません。だから、私ではなく、選手にいい思いをしてほしいのです。

一方で、私は負けたときはいつも「申し訳なかったな」と思います。特に接戦で負けたときには、責任をより強く感じて「あの場面でこうやっておけば、うまくいったんじゃないか」「あそこでこうしていれば、その後の展開が変わったんじゃないか」と考えてしまいます。

ただ、反省はしますが、引きずりはしません。たとえば、投手が打たれたシーンを何回もビデオが擦り切れるほど見直して、「なんでだろう?」と考え込むことはしません。それをしても、自分の記憶の中に失敗が刷り込まれるだけ。「違う選択肢もあったかな」。それだけで十分です。

反省しないで「たまたま打たれたんだよ、また次がある」で片付けてしまうのは良くないですが、答えが出たか出なかったかは別として、ある程度自分の中で思い悩めばそれでOK。いつまでもクヨクヨしていないで、切り替えて次に行くことも大切です。

「野球をするのは、あくまで選手。監督は選手の伴走者であれ」

勝ったら選手のおかげ、負けたら監督の責任。だからといって、監督がすべての責任を背負ってしまうのは違います。

私は「オレが勝たせてやる」とか「オレについてくれば間違いないぞ」とは言いません。ENEOSでも慶大でも、選手たちには「監督が全部勝たせてくれるなんて、思うなよ」と言っています。もちろん、選手が困ったときには、私の最大限のものを使ってなんとかする。そのための準備も十分にします。でも、野球をするのは監督ではなく、あくまで選手です。「監督を頼ってもいいけど、依存はするな」ということです。

選手が「監督が勝たせてくれる」と思ってしまうと、すべてが受け身になってしまう。自分で考えて行動することが少なくなり、失敗やミスをしても「使っているのは監督だ。オレが悪いわけじゃない」と逃げるようになってしまいます。それでは人は育ちません。

もちろん、監督が「使っているのはオレだから、ミスを恐れずに思い切ってプレーしろ」と言って送り出して、選手の余計なプレッシャーを取り除いてあげるのも大切です。

また、監督自身が「使ったのはオレなんだから」と反省しながら、選手を責め過ぎないようにして逃げ道を作ってあげることも必要でしょう。

ただ、選手本人も反省していなければ、向上心にはつながりません。

野球の試合は、監督のサインで進んでいくことが多い。だから、どうしても自分で考えることが希薄になりがちです。

しかし、守備のポジショニングや捕手の配球などは、選手自身が状況を判断しながら、先の展開を読みながら……ということになります。選手が監督の指示に依存しているだけでは、限界があります。

最終的には、監督がいらないチームが理想です。監督がちゃんと責任を取るポジションにいながら、選手たちが自分で考え、自立している。「監督がいなくても、オレたち大丈夫ですよ」というチームです。

監督は選手の伴走者です。選手たちといっしょに走りながら、成長を見守っていく。選手との1対1でも、監督とチーム全体の関係でも、そうありたいと思っています。

時には「いいぞ、いいぞ。頑張れ、頑張れ」と励ます。

場合によって、また選手の性格によっては、ガンと厳しく接したり、何も言わずにただ見守ったり、時には「大久保監督は塩対応だ」と言われるくらい突き放すこともあります。

選手たちの吸収力はすさまじい。監督が思っている以上に柔軟で、強い。出会ったすべての大人たちから、それぞれのいいところを吸収していきます。ちょうど成長期の中で、うまく腑に落ちたとき、こちらが求めていた以上の成果を出す。慶大の監督時代は「4年間でそんなにできるようになるの?」と驚かされることもしばしばありました。

首に縄を付けて強引に引っ張ったり、後ろから無理やり押したりしなくても、選手は自分で育っていくものです。監督が教えることで立場を優位に考えて「オレが教えてやる」とか「オレが育てた」なんて言うのは、おこがましい。

監督がいいと思ったことでも、選手が納得して受け入れられるものでなければ、「指導した」ということにはなりません。

監督にはそれぞれ、好みのタイプや理想の選手像があるでしょう。たとえば、オーバースローで球が速い投手が好き。スリークォーターで制球がいい技巧派が好き。フルスイングで大きなフライを打つ打撃を求める。コンパクトなスイングでゴロを転がす打撃を求める……。それを意識しすぎて選手への押し付けになると、成長の邪魔になります。

「主」は、あくまで選手。前提として、まず選手自身がどう成長したいかを明確にして、監督がそれを把握します。そのうえで、選手自身に合った、プラスにつながる努力を促します。選手が納得していないままでも努力すれば、我慢強さは鍛えられるのかもしれません。しかし、我慢強さの価値観そのものが昔とは異なっていることを理解すべきです。自分の価値観を押し付けてはいけません。

そして、監督は選手の努力がプラスにつながるように、正しい動きを指導します。基本から外れている動きで何回、何百回練習して努力しても、悪いクセを覚えるだけ。マイナスにしかなりません。

慶大で5年間、監督を務めましたが、「大学に通う4年間で、監督がその学生の人生を揺るがすような印象を残せるはずもない」と考えていました。むしろ選手から学び、監督として育ててもらった――という感謝の気持ちが強いです。

選手にとっては「監督がすべて」ではありません。監督としての責任は感じながら、気負い過ぎずに選手に寄り添う。達成感や勝利の喜び、野球ができる幸せを共有することに敏感になって、お互いが歩み寄る。そうすることでチームの大きな力が生み出せるのではないでしょうか。

「負けた悔しさを忘れない。それが次の勝利の糧になる」

ＥＮＥＯＳの監督に就任して3年目で都市対抗優勝を果たしましたが、その後も順風満帆だったわけではありません。

優勝の立役者だった田澤は抜けましたが、２００９年の都市対抗には神奈川二次予選を第2代表として突破して出場（当時は前年優勝チームが翌年に推薦出場する制度がなかったため）。２回戦で日本生命に8対5で勝ちましたが、３回戦でＮＴＴ東日本に0対2で完封負けを喫しました。

２０１０年4月。新日本石油と新日鉱ホールディングスが経営統合して、ＪＸホールディングスが発足しました。

その年の都市対抗では新会社の門出を飾るはずでしたが、6月の神奈川県二次予選の代表決定トーナメント準決勝で三菱重工横浜（後に三菱重工Ｅａｓｔ）に2対3で敗戦。出場を逃してしまいました。

新日鉱ホールディングスの中核企業だったジャパンエナジーには女子バスケットボール部のＪＯＭＯサンフラワーズ（後にＥＮＥＯＳサンフラワーズ）がありましたが、日本鉱業時代には日立硬式野球部と佐賀関硬式野球部があり、かつては都市対抗にも出場していました（日立硬式野球部は１９７２年に休部、佐賀関硬式野球部は１９８７年に休部）。「旧日本鉱業の人たちにも、もう一度社会人野球の魅力を伝えたい」という会社上層部の思いを叶えることはできませんでした。

三菱重工横浜に敗れた後、私は選手たちに理不尽な練習を課しました。約15キロメートルの多摩川ランニングです。都市対抗に補強選手として出場することになっていた選手も含めて、みんなで走りました。

負けた罰として厳しい練習をさせるのは、私が一番嫌いな手法です。でも、このときは限界にチャレンジして、自分を見つめ直す機会を作りたかった。選手たちは「もう負けたくない」「こんな思いはしたくない」と、負けた悔しさを糧にしてくれました。とはいえ、やはりダメな指導法だったかな……と思っています。

さらに、糧になった出来事がありました。

この２０１０年のシーズン終了後、木村康社長が激励と野球部合宿所の建て替えのための視察を兼ねて、合宿所に来られました。そのとき、野球に対する熱い思いがある木村社長が「来年も都市対抗に出られないようなら、私が野球部長になって、ケツを拭かなければいけないかな」とおっしゃったのです。

つまり、休部もありえるということです。木村社長としてはそこまで深い意味で発言されたわけではなく、激励してくださったのだと思います。私は「２００８年に一度優勝したくらいではダメなんだ。よし、２０１１年は全部勝ってやるぞ」と強く思いました。

２０１１年。3月のＪＡＢＡ東京スポニチ大会では、3月11日におこなわれた準決勝で住友金属鹿島（後に日本製鉄鹿島）に3対2で勝ち、決勝に駒を進めました。

ところが、この試合が終了した約30分後に東日本大震災が発生。決勝戦は中止となり、

ＮＴＴ西日本との両チーム優勝となりました。

都市対抗は10月に延期になり、場所も京セラドーム大阪に変更。１回戦で王子製紙に２対５で敗れましたが、チームとしては手応えを感じました。

２００８年の都市対抗で優勝を経験した若手選手たちが、２０１０年の悔しさを糧にしながら２０１１年に経験値をドンドン上げていった。それが２０１２年、２０１３年の都市対抗連覇へとつながっていきました。

「全力疾走、投球への反応、バックアップ。たった一歩がアウトとセーフを、勝利と敗北を分ける」

野球では、打者は３割打てば優秀と言われます。裏を返せば、７割はミスをする。打者の打ち損じだけではなく、投手のコントロールミス、守備の捕球ミスや送球ミス、ポジショニングのミス、走塁の判断ミスなど、野球にはいろいろなミスが起こります。

これらのミスは、ある程度は起きてもしかたがない。許せるミスです。

一方で、許せないミスもあります。たとえば、全力疾走をしない。バックアップを怠る。怠慢で無気力なプレーをした結果、ミスやケガをする。これらは心掛け一つで防げます。やってはいけないミスです。


ＥＮＥＯＳでは、全力疾走や投球への反応、バックアップなど、普段の練習から試合を想定して取り組んでいます。

凡打でも、打球が相手のグラブに収まってアウトになるまで、全力疾走します。走者がいないときや二死からフライを打ち上げたら、一塁を回って二塁まで向かいます。

ありがたいことに「ＥＮＥＯＳといえば全力疾走」というイメージが定着しています。

これにはきっかけがあります。

私が日本石油（後にＥＮＥＯＳ）に入社した１９９２年の都市対抗でのことです。準決勝の日本生命戦で、１９９６年のアトランタ五輪の日本代表でもチームメートになる中堅手の高林孝行さんが、東京ドームの天井でフライを見失ってしまいました。そのプレーだけが敗因ではありませんが、5対6で負けてしまいました。

そこから、「野球では何が起こるか、分からない」と、チーム内に「打ったらゴロでもフライでも全力疾走」が定着しました。

1995年の都市対抗の決勝・NKK戦。2点を追う8回に二死二塁から高林さんが打ったフライを相手の外野手が見失いました。全力疾走していた高林さんが本塁まで還ってくる2点ランニングホームランとなって同点に追いつき、延長10回にサヨナラ勝ちして2年ぶりの優勝を決めました。

やっぱり、やってきたことは間違っていなかった！　この失敗体験からの成功体験があるから、ENEOSでは試合はもちろん、練習のときから「もしかしたら、何かが起きるかもしれない」という思いで、アウトになるまで全員が全力疾走しています。

守りでも同じ。フライが上がると、捕球してアウトになるのを見ないでベンチに帰ってしまう投手もいますが、ENEOSの投手には必ず最後まで見届けるように指導しています。

「投球への反応」は、守っている内野手・外野手の一歩目のスタートです。打球が飛んでから反応するのではなく、打者が球をとらえた瞬間に全員が一歩目を走り出す。たとえそれがファウルでも、ちゃんと打球の方向へスタートを切っています。

それを続けていると、その一歩、いや半歩の差で捕れなかった打球がギリギリで捕れるというプレーにつながっていきます。

プロの場合は年間に143試合もありますから、毎試合、全球でそれをやろうとしてもなかなか厳しい。どこかで気が抜けてしまうこともあるかもしれません。

でも、社会人野球の年間の試合数は限られています。「負けたら終わり」の一発勝負。都市対抗なら、負けたら次は1年後です。その1試合ですべてを出し切るつもりで、プレーボールからゲームセットまでの2時間半から3時間、集中する。投球なら多くて150球ですから、150回集中して、1球1球に必死で食らいついていきます。それだけ集中しているからこそ、社会人野球では大の大人が勝って泣き、負けて泣くのです。

「バックアップ」は、全員がそのときに起きているプレーに集中して、もしかしたら次に起こるかもしれないミスをカバーするために動く。たとえば投手が一塁へけん制したとき、ライトはけん制球が逸れたときにカバーできる方向へ動き出す。本来ならカバーに動くのは右翼手だけでいいのかもしれません。でも、全員が集中しているから、中堅手も反応して、一歩でもその方向へ動いています。

捕手から投手に返球する際は、二塁手と遊撃手がバックアップする。返球が逸れて走者が進塁することなんて、何百球、何千球に1回のことかもしれません。それでも「もしかしたら」という思いと、そのときに仲間のミスをカバーしようという思いやりを持って、動きます。

全力疾走、投球への反応、バックアップ。そのたった一歩がアウトとセーフを、勝利と敗北を分けます。それを試合のときだけやろうとしても、急にできるわけがありません。ENEOSでは普段の練習から、その意識を持って徹底しています。

これをやったからといって、必ずしも勝利につながるとは限りません。ただ、ENEOSはそれを怠らずにやってきました。スタートの一歩、半歩の差でアウトにしたり、バックアップで余計な進塁を防いだりということを、何回も経験できました。

最初は意識してしようとしていたことが当たり前になり、無意識にできるようになる。みんなが成長してレベルが上がっていく。その中で、受け身になって入っていけない人は置いていかれてしまう。それまでは半数近くができていないから目立たなかったのに、少数派になると目立つようになるのです。

すると、監督ではなく、仲間がなんとかその選手を乗り遅れないように引っ張ってくれる。「お前、それは違うぞ」「今のは手を抜いただろう」という声が、自然と出始めます。

そうなれば、チームは次の段階に進みます。野球の技術的な部分や考え方の部分が共有できて、たとえば「今は1点をやっても、ビッグイニングにしなければいいんだよ」というような余裕ができる。余裕があるから試合中に焦らなくなる。焦らなければ身体が縮こまらないので、持っている力が出せる……とドンドン良いほうに、良いほうに転がっていきます。

そういうチームの雰囲気や空気感は言葉にしては説明しにくいのですが、監督が無理やり作るのではなく、自然に出来上がっていくものです。ENEOSでは、全力疾走、投球への反応、バックアップがチームの文化になっています。

「試合では、練習でやっていることしか出せない。選手の力を信じて送り出す」

「神宮では、日吉のグラウンドでやってきたことしか出ない」

慶大の監督時代、選手たちにそう言っていました。

試合では、普段の練習でやっていることしか出せません。1度なら「まぐれ」もあるかもしれませんが、それが続くことはありません。

試合までの準備や練習の段階から、試合のいかなる状況にも対応できるようにあらゆる想定の中で練習して、技術や考え方を高めておく。それがすでに身に付いているはずの技術や考え方であっても、日々重ねていくことに意味があります。

その準備さえできていれば、あとは選手の力を信じて、スターティングメンバーと打順を決めて選手を送り出すだけ。準備ができていないのに、試合前に監督がちょっと何かを言ったり、試合中に策を巡らせたりしても、何も変わりません。そんな魔法はないのです。

大事な試合の1週間や3日前になって、「よし、やるぞ!」と厳しい練習をする。そんな練習はオーバーワークにつながって、疲弊するだけです。その場しのぎで、急にチーム力が上がるわけがありません。

テストでも前の日に一夜漬けしても、学力は上がらないでしょう? ヤマを張って一夜漬けで勉強したところがテストに出て、いい点が取れることもあるかもしれませんが、それはたまたま。実力と呼べるものではありません。もちろん、最後まであきらめないという点では、一夜漬けも必要かもしれませんが……。

選手たちが普段、グラウンドで取り組んでいること。それを積み重ねた成果として、今持っている力が10だとします。試合で「12を出せ！」とは言いません。10をすべて出し切るのも簡単ではない。私は「8が出せたら、良い勝負できるんじゃないか。7では少し足りないな。半分だったら負けるよ」という言い方をして、選手たちを試合に送り出しています。

「監督が試合前にちょっと気合いを入れたくらいで勝てるわけがない」

「大事な試合だ。分かってるか？　絶対に勝つぞ！」

たとえばこんなふうに、試合前に監督が選手たちに気合いを入れたところで、急に勝てるようになるわけがありません。勝負にはもちろん気合いが必要ですが、気合いだけでなんとかなるような、そんな浅はかなものではありません。

その瞬間には気合いを入れてロッカールームから出ても、1回から9回まで約2時間30分から3時間もの間、それが続くわけがない。逆に気合いを入れたことで、力みにつながって力が出せないこともあるでしょう。

そもそも「負けたら終わり」という試合では、わざわざ監督が気合いを入れなくても、選手はすでに自然に気合いが入っているはずです。

私は、試合前には選手たちをリラックスさせることを心掛けています。

慶大の監督としてラストシーズンとなった2019年秋のリーグ戦は、8戦全勝で最終週の早大戦を迎えました。

「優勝まであと1勝」だった1回戦（11月2日）では主将の郡司裕也（2020年中日入団）が2打席連続ホームランを放つなどして7対1で勝利。3季ぶり37回目の優勝を決めました。

なんと、このタイミングで、私が慶大の監督を退任するという記事があるスポーツ新聞に掲載されることが分かりました。

私としては、選手たちにいつ話そうか、考えていたところでした。退任を私の口からではなく、報道で知る。そんな事態だけはどうしても避けなければなりませんでした。

翌日の早大2回戦では、4対6で敗戦。91年ぶりの全勝優勝を逃しました。

慶大のストッキングは塾旗がモチーフになった「紺・赤・紺」の3色の配色になっていて、赤の部分に白いラインが2本入っています。1本目は1928年秋に初めて10戦全勝で優勝したときに入れたもの。2本目は1985年秋に1引き分けを挟んで全勝優勝したときに入れたものです。悲願の3本目の白ラインを、宿敵ワセダに阻まれました。

この試合後のロッカールームで、私は選手たちに「今季限りで退任する」と伝えました。

勝ち点5の完全優勝が懸かった3回戦の試合前。私は選手たちに言いました。

「オレのために勝とうなんて、いらないからな」

私の最後のシーズンだからといって、勝ち点を5に伸ばして完全優勝しようというのは、まったく必要ない。余計な力が入る材料にしたくなかったので、そう言いました。

結果は、3対4でサヨナラ負け。私の言葉に効き目がなかったのでしょう。最後に息切れした形で早大に連敗したのは監督である私の責任です。

しかし、2回戦でも3回戦でも、リードされている状況でもチームにあきらめた様子や負ける雰囲気はまったくありませんでした。

3回戦の試合後におこなわれた閉会式も終わったとき、私は三塁側のベンチ前に立って選手たちを見つめながら、「ホントにいい集団になったな」と思いました。

「監督が試合前にゲームの方向性を示す。そうすれば、選手は試合中に自分のやるべきことが明確になる」

私は試合前日の夜、寝る前に脳内で試合のシミュレーションをしています。

もちろん、そのときまでに相手チームの特徴は分析してあります。その分析を踏まえながら、相手の先発が予想される投手に対して、自分のチームのスターティングメンバーを対戦させていきます。また、相手打線に対して、ウチの投手はこういう配球で……と思い巡らせます。

それが絶対だとは思っていませんが、「よし、何点勝負の試合になるな」とイメージします。一種のルーティーンですね。

試合前には「絶対に勝つぞ！」と気合いを入れる代わりに、選手たちに「こういう展開で戦うことができれば、最終的にいい形になっているんじゃないか」という話をしています。たとえば、相手の打線の力を考えて3、4点は取られる覚悟をしないといけないとしたら、投手陣には「4点までならOKだよ」と言います。

勝つには野手陣は5点取らないといけない。そのためには、どうするか？　ランナーが出るたびに犠牲バントで送って、1点ずつ積み重ねていく？　いや、それではなかなか難しい。複数得点を狙うには、どこかで長打を絡めるなど攻撃的にいかないとダメ。先に失点しても、焦らずに1点ずつでも返していけば、向こうのリリーフ投手なら打ち崩せる。

後半にチャンスが必ず来る……。そういう話し方をしています。

ゲームの方向性を理解していると、選手は試合中にゲーム展開を見据えながら、自分のやるべきことが見えてきます。

たとえば、バッテリーは「4点まで大丈夫なら、ここは1点を惜しんで大量失点につながることだけは避けよう。シングルヒットならOKだな。長打だけは打たれないように投げよう」というように、9イニングをどう戦うかを考えながら、ゲームメークできます。

打者は「無死一塁の場面は通常なら送りバントかもしれないけど、今日の試合で監督が求めているのはヒッティングだな。それならゲッツーになるような内野ゴロだけは打たないようにしよう」と考える。失点して劣勢になっても、「ビックイニングにしたい。初球から甘い球はどんどん打っていこう」と狙いが明確になる。「送りバントのサインが出ないけど、バントしなくていいのかな?」「『待て』のサインが出ないけど、打っていってもいいのかな?」と迷わずにすみます。

こうして試合前に監督が方向性を示しておいて、試合では選手がそれに沿って自分で考えてプレーできるのが理想です。

「監督が試合前にちょっと気合いを入れたくらいで勝てるわけがない」と大久保監督は言う。普段どおりの力を発揮できるようリラックスさせる。さらにいえば、その普段どおりの力を、相手に勝てるだけのものにしておく必要があるということだ

「選手が迷っているとき、監督は迷いを消す声を掛ける」

監督が試合前にゲームの方向性を示したとしても、試合は想定通りに進むわけではありません。いざというときには、選手も迷うかもしれません。そういうとき、私は迷いを消す声掛けをしています。

２０１３年の都市対抗。２回戦のＪＲ北海道戦では初回に先発の三上朋也（２０１４年ＤｅＮＡ入団）が2点を失いました。序盤から2点を追いかける展開になるのは、想定外のことでした。

その後、2回に無死一、二塁の好機が来た。六番の石川駿（２０１５年～２０２０年中日）が打席に向かおうとしていました。

まわりからすれば「ここは送りバントだろう」という状況です。しかし、私は石川を呼び、こう言いました。

「ここはセオリーなら送りバントだけど、それならお前を使っている意味がないぞ。バックスクリーンへぶち込むくらいの気持ちでいけ」

すると、石川はレフトスタンドに逆転3ランを打ちました。言ったとおりにセンターに打ったわけではなかったのですが、打った瞬間に「入った！」という一発でした。

私が何も言わないまま打席に入っていたら、石川は「2点ビハインドの場面だ。バントかな？　バントなら、基本は三塁側に転がさなきゃいけないな。だけど、三塁手が前に出てくるかな……」と、いろいろ考えていたと思います。小細工なしに「ホームランを狙ってこい！」と送り出されたことで、迷いなくバットを振れたのでしょう。

実は、この都市対抗の直前におこなった千葉ロッテとの交流試合で、石川はスリーボールからの「待て」のサインを見逃して凡退していました。点差が離れて負けている状況でしたので、走者をためたい。1球待つべきところだったのに、打ってしまった。私は「その野球観はなんなんだ！」と、叱りました。

この年の都市対抗は、前年に優勝しているため、補強選手がいない。新人が補強選手の役割を果たすくらい活躍してくれれば……と考えていて、入社1年目の石川に期待していました。

その期待値の高さもあって、サインの見逃しを「まあ、いいだろう」で済ますわけにはいきませんでした。ノースリーから打ちやすい球が来るのは分かっていても、それを打ちにいくかどうかは状況による。次にまた同じ失敗をしないでほしい。野球を舐めないでほしい……そんな思いから、私は都市対抗の1回戦・NTT西日本戦では石川を起用しませんでした。JR北海道戦でスタメン復帰した石川は、「ここでダメだったら、後がない」と腹をくくっていたようです。

石川は、この試合の8回にも2本目のソロ本塁打を打ちました。

相手はフォークボールがいい投手でした。私が「フォークが来るから、その軌道をイメージして、すくい上げてこい」と言って送り出すと、石川は見事にそのフォークをとらえました。

準決勝の東芝戦では、石川を一番に起用しました。すると、プレーボール後の初球を左中間スタンドに叩き込む先頭打者ホームランを打ったのです。始球式の直後の初球だったので、石川は「僕は2球目かと思ってましたよ」と笑っていましたが……。

石川はこの大会で4試合に出場し、打率・400（15打数6安打）、3本塁打、8打点の活躍でチームの51年ぶりの連覇に貢献。新人賞にあたる若獅子賞を獲得しました。

この1年目のブレークは、彼にとっては大きなターニングポイントになったと思います。ドラフト候補に名乗りを上げ、翌年（2014年）のドラフトで中日から4位指名を受けました。

2020年限りでプロを引退しましたが、2021年4月から社会人野球のクラブチーム・ロキテクノ富山に選手兼コーチ補佐として入団しました。彼は節目ごとに連絡をくれるのですが、その中で「大久保さんとやっていた野球の時間が一番楽しかったです」と言ってくれたのがうれしかったですね。

「捕手は1点を惜しむな。追加点を与えるな」

「野球はバッテリーが8割」と言われます。特に捕手は、グラウンドでの監督役。チームが目指す野球を理解して、表現することが求められます。

ＥＮＥＯＳには山岡がいたように、慶大には郡司という名捕手がいました。


慶大の監督に就任した1年目（２０１５年）に「いいキャッチャーに入学して欲しい」と考えていた私は、仙台育英高の佐々木順一朗監督に会いに行きました。

郡司は7歳上の兄・拓也さんが慶應義塾高で外野手、慶大の準硬式野球部で投手としてプレーしていたこともあって、小さい頃からＫＥＩＯのユニフォームに憧れていたそうです。高校進学時に慶應義塾高を推薦入試で受験したのですが、中学時代の千葉市シニアで全国選抜大会優勝という実績があり、学業も評定平均４・７（5点満点）と優秀だったにもかかわらず、残念ながら不合格となっていました。
私がいくら郡司に来てほしいと思っても、慶大にはスポーツ推薦制度がありません。AO入試がありますが、かなりの難関のため、不合格となる可能性もあります。郡司には「高校受験で慶應に落とされたという恨みがなかったら、受けてくれないか？」と伝えました。郡司は「リベンジしてやる」という思いでAO入試を受験してくれて、見事合格しました。

彼は仙台育英高では2年秋から正捕手で、チームを同秋の明治神宮大会で優勝、3年夏の甲子園で準優勝に導いたほか、侍ジャパン高校代表としてU－18W杯も経験していましたので、高校時代からゲームメーク能力が高かった。私よりも身体も強いし、足も速いし、彼には「オレなんかよりセンスあるから」と言っていました。

1年秋から正捕手を任せましたが、特に細かく指導した記憶はありません。配球については、たまに「あの球は、どういう意図だったの？」と訊く程度でした。打たれたとき、捕手は監督に言われなくても、「打たれた」という結果でその配球が間違っていたことを分かっています。そこをネチネチと責められると面白くないし、サインを出せなくなってしまう。結果で責めるのなら、監督がベンチから1球1球サインを出せばいいのです。私はそれよりも捕手を信じて、任せています。

彼に言っていたのは、捕手としての考え方。特に、点の取られ方については「1点を惜しむな。追加点を与えるな」と言っていました。

理想は、完全試合です。そこを目指しながら、できなければノーヒット・ノーラン。それができなければ、次は完封を目指します。

しかし、1点を惜しむと、かえって大量点に繋がることがあります。捕手は試合展開や状況を判断しながら、いかに最少失点で切り抜けるかを考えなければなりません。

また、1点を取られたあとの気持ちの切り替えについても言っていました。捕手がガッカリして集中力を欠いてしまうと、投手を含めた守りがガタガタッと崩れてしまう。そうならないように、すぐに気持ちを切り替え、ゲームセットの瞬間まで集中してゲームを作らなければなりません。

郡司はこのことを理解して、試合が終わるまでは一喜一憂しませんでした。2019年秋に3季ぶりのリーグ優勝を決めた早大1回戦では、6回に左翼席へ勝ち越しソロを打ちました。19年ぶりの優勝を果たした同年の明治神宮大会決勝・関大戦では、初回に左翼席へ先制2ランを打ちました。それでも彼はガッツポーズなど一切見せず、淡々とダイヤモンドを一周していました。もちろん相手への敬意があってのことですが、試合終了まで集中していた証でもあります。

郡司には「エース級の投手は、誰が捕手でも勝てる。エース級ではない投手の力を最大に引き出せるのが、いいキャッチャーだよ」とも言っていました。

彼が1年生のとき（2016年）は加藤拓也（2017年広島入団。現在の姓は矢崎）とバッテリーを組んでいました。捕手が郡司ではなくても、加藤の力だけで勝てます。エース級ではない投手のときに、いかにして少しでも長いイニングを投げさせられるか。いかにして1つでも多くアウトを取るか。それができるようになってほしいと期待していました。

加藤が卒業した2017年以降の3年間の慶大には加藤のような絶対的なエースがお

らず、1試合あたり3・4人の投手による継投策で戦いました。それを支えてくれたのが、郡司でした。

郡司の頭の中には、各投手の調子のバロメーターがインプットされていました。たとえば、エース左腕だった髙橋佑樹（2020年東京ガス入社）はスライダーが右打者の外角へ抜け始めたら疲れてきている……など。日吉グラウンドのブルペンで各投手の球を受けて、コミュニケーションを取っているからこそでしょう。

だから、私は投手交代について郡司に「どうだ、代えるか？」と意見を聞き、彼の「まだいけます」「限界です」という答えを取り入れていました。

郡司は東京六大学リーグ通算で打率・297、11本塁打、56打点をマーク。4年秋のリーグ戦では打率・394、2本塁打、10打点で、リーグで戦後14人目となる三冠王となった「打てる捕手」です。

それ以上に、「勝てる捕手」。彼がマスクを被り始めた1年秋から4年秋までの7シーズンはすべて勝ち点4を取って優勝争いに絡み、2年秋、3年春、4年秋の3度リーグ優勝しています。

打者としての郡司で勝った試合、捕手としての郡司で勝った試合が何試合もありました。監督からすると、こんなに心強い選手はいません。よい選手との縁に恵まれました。

「監督はプレーボールからゲームセットまで「全力」「全方向」「全集中」。たとえ劣勢でも、ファイティングポーズを取り続ける」

野球をやるのは選手で、試合では練習でやっていることしか出せません。攻撃での作戦の決定や、守備での内・外野のポジショニング、選手交代といった監督の采配が勝敗に占める割合は10割というわけではなく、1割、2割しかないこともあります。

それでも監督はプレーボールからゲームセットまで、一瞬たりとも気を抜くことは許されません。『鬼滅の刃』ではありませんが、勝っていても負けていても、「全力」「全方向」「全集中」で自分の持っているすべての力、知識、経験を注ぎこむ。セオリーに固執するのではなく、現在の状況を敏感に把握して、先を読み、采配する。試合が終わったときに笑うために、一瞬でも悔いを残さないように自分の仕事をする。監督には試合中に「1点取った」「1点取られた」と一喜一憂しているヒマなどないのです。

この「全力」「全方向」「全集中」は、大学のリーグ戦期間中や、大学選手権、明治神宮大会、都市対抗や日本選手権のような大会中はずっと続きます。

社会人野球のトーナメントは負けたら終わり。大学野球のリーグ戦は負けても終わりではありませんが、全勝すれば間違いなく優勝できるのだから全試合で勝ちたい。いずれにしても、1勝してホッとして白い歯を見せているようでは、優勝という頂点までたどり着くことはできません。監督はもちろん選手も含めて、普段の練習から試合前、試合中、そしてリーグ戦や大会が終わるまで「全力」「全方向」「全集中」で挑む。それができるのが、優勝できるチームです。

「野球は9回二死から」と言われます。最後まで何が起きるか、分からない。たとえば9回まで相手をノーヒット・ノーランに抑えて3点リードしていても、満塁ホームランを打たれたら試合がひっくり返ってしまう。そんな「ミラクル」が起こるのが野球というスポーツの難しさであり、魅力でもあります。

ＥＮＥＯＳは、これまでに何度もミラクルを起こしてきました。

２０１２年の都市対抗。ＪＲ東日本との決勝では3点を追う6回に山岡剛が逆転3ランを打つなどして4点を奪って逆転勝ちしました。

２０１３年の都市対抗では、3回戦で東京ガスに8回まで0対3で負けていました。8回裏に井領雅貴（２０１５年中日入団）が詰まりながらも右前に同点打を打つと、山田敏貴も右中間に二塁打を打って逆転勝ち。この試合が連覇へのきっかけとなりました。

漫画『ＳＬＡＭ　ＤＵＮＫ』の中で、湘北高校バスケ部の安西光義監督が主人公の桜木花道に「私だけかね……?　まだ勝てると思っているのは……。あきらめたらそこで試合終了ですよ?……」と言っています。まさにその通りなのです。

選手はもちろん、監督が最後まであきらめない。これが大事です。指揮官があきらめたら、選手は間違いなく「あ、監督もあきらめたな」と感じ取る。その瞬間に集中力が切れてしまいます。まだ試合は続いているのに「試合終了」です。

劣勢でも、なんとか最少失点でしのいでいく。その回だけではなく、先の回も考えながら、なんとか傷口が広がりすぎないように、チームが崩れていかないように、監督が「全力」「全方向」「全集中」で手を打っていきます。

私は、たとえ大きくリードされて「これはちょっと厳しいかな」と思っても、それをすぐに打ち消します。絶対に「あきらめた感」を出さない。点を取られてしまったことを嘆いたり落ち込んだりしている暇などありません。脳をフル稼働させて試合展開の先を読み、あの手この手をシミュレーションしながら「何かチャンスはないか、何かチャンスはないか」と前向きに考えます。ゲームセットの瞬間までファイティングポーズを取り続けています。

10点差から、まず7点差まで。次に5点差まで。一挙に10点を返すのは難しいかもしれません。でも、残りのイニングがあるなら少しずつ点を返していって、終盤に満塁ホームランが出たら逆転できるところまでなんとかして追いつく。そうすれば、相手も「ヤバいな」となってくる。この「ヤバいな」がミラクルを起こす引き鉄になります。

選手に経験があればあるほど、「この点差じゃあ、もう無理でしょ」と冷めた目で敗戦を予想してしまいがち。それでも監督は「違う。そうじゃないんだ！」とファイティングポーズを取り続けます。

監督のそういう姿勢が選手一人ひとりに伝わり、ベンチの姿勢になる。それを感じた相手の気持ちが揺れる。だからこそ、ミラクルが起きる。ミラクルが起きるときは、まわりから見れば「ツキがこちらにあった」「持ってる！」かもしれません。でも、それは偶然ではないのです。

慶大の監督に就任して1年目、2年目の頃は、試合中に「ああ、選手たちの集中力が切れたな」と手に取るように分かる瞬間がありました。

それでも私はファイティングポーズを取り続けた、すると、徐々に選手たちも最後まであきらめない姿勢を見せてくれるようになっていきました。

就任3年目（2017年）の秋季リーグ戦。2カード目の法大戦では1勝1敗1分けで4回戦を迎えました。負ければ勝ち点を落とす一戦で、8回を終わって3対7とリードされていました。

しかし、9回に倉田直幸の適時打と、代打・明渡稜の2ランで1点差まで追い上げました。結果的には6対7で敗れましたが、最後まで食らい付いていったのです。

これこそ、自分が求めていた姿でした。ベンチの雰囲気がゲームセットの瞬間まで純粋に集中していた。それも、私が鼓舞したり焚き付けたりしたのではなく、自然に。「これだよ、これ！」と、手応えを感じました。負けても本当に清々しい気持ちで、次に繋がるものが見えました。

その試合後、私はロッカールームで選手たちを前にして「こういう最後まであきらめない試合がしたかったんだ」と言い、思わず涙を流しました。選手たちは「監督、どうしちゃったんだろう?」とビックリしたかもしれませんが、私が手応えを感じていることは選手たちにも伝わったと思います。

この法大戦の後から明大、立大、早大に6連勝して7季ぶりの優勝を決めました。慶大というチームが勝つ集団になっていくターニングポイントになった試合でした。

「どんなに勝っていても、絶対にゲームセットまで油断してはいけない。スキを見せたとたんに相手につけこまれる」

負けていても最後まであきらめず、ファイティングポーズを取り続ける。これを逆の立場で言えば、「どんなに勝っていても、最後まで油断するな。ゲームセットの瞬間まで絶対にガードを下げてはいけない」ということです。

相手チームがあきらめていなければ、こちらが「勝った」と思った瞬間にスキができて、そこにつけこまれます。たった一つのプレーで流れがガラッと変わり、劣勢になってしまう。点差があるからといって、誰かを休ませようとか、誰かに経験させておこうと起用すると、試合がバタバタしてしまうのはよくあること。そういう試合は、たとえ勝ったとしても後を引くものです。

5点以上差が開いて勝っていたら、盗塁や送りバントはしないという「アンリトンルール」（不文律）があります。これは「野球そのものや対戦相手をリスペクトしよう」ということ。手を抜くこと、手加減することとはまったく別。手を抜いたり、気を抜いたりすると集中力を欠いてしまう。そういうお互いがケガをするようなリスクは絶対に避けなければいけません。

2008年のJABA九州大会でのことです。2回戦の熊本ゴールデンラークス戦で、9回まで5対2で勝っていました。9回裏から田澤をマウンドに送ったのですが、4点を取られてサヨナラ負けしました。

２０１３年の都市対抗では、ＪＲ北海道との2回戦で7回まで7対2でリードしていました。点差が離れたときに、８回からある投手を３番手として登板させました。この大会でどれくらい投げられるのか、判断したい思惑があったからです。

ところが、あっという間につかまってしまった。一死を取っただけですぐに交代させました。結局、その回には3点を返され、7対5まで詰め寄られた。８回裏に1点を加えて8対5で勝つには勝ったのですが、ヒヤリとする展開でした。

この教訓から、２０１３年の都市対抗の準決勝・東芝戦では7対1になっても先発したエースの大城基志を完投させ、そのまま勝ちました。代える投手はいましたので「6点差があれば大丈夫だ」と思えれば楽だったのでしょう。でも、やはりエースの大城でなければ東芝の反撃が怖かったのです。

決勝のＪＲ東日本戦でも2対1と1点リードで迎えた8回から大城をマウンドに送って、51年ぶりの連覇を達成。大城はこの大会で5試合すべてに登板して23回⅓を投げて２勝を挙げ、防御率１・54をマーク。史上２人目の２年連続の橋戸賞を受賞しました。その前年の秋の日本選手権（３試合で登板して３勝、防御率１・13）を含めて３大会連続のＭＶＰ受賞は史上初の快挙でした。

大城と出会ったのは、２００９年の春です。当時は名桜大の３年生左腕でした。

その年、亜細亜大から選手を勧誘しようと、沖縄キャンプでの名桜大とのオープン戦を視察に行きました。

亜大の生田勉監督から「大城という面白いピッチャーがいるよ」という話は聞いていました。大城は身長１７２センチで、身体はヒョロヒョロ。でも、その身体を目一杯使ってキレの良いボールを投げていました。球速は１３５キロ前後でしたが、ピッチングが小気味よくて、変化球はよく曲がる。フィールディングもいい。９回１失点、12奪三振で投げ終わると、試合後に名桜大の國吉憲昭監督に名刺を出して「すぐにでも欲しい。これから追いかけていきます」と言いました。

私は、彼はプロに行く投手だと思っていました。入社した2010年は都市対抗神奈川県二次予選の準決勝・三菱重工横浜戦で6回2失点と好投しましたが、救援した投手が打たれて敗れた。チームは都市対抗には出られませんでしたが、大城自身は三菱重工横浜の補強選手として出場して、3試合で登板して同チーム初のベスト4に貢献しました。

ドラフト解禁の2011年は都市対抗の1回戦・王子製紙戦で先発しましたが、4回途中5失点で敗戦投手となりました。

この年は、沖縄のビッグ開発ベースボールクラブから嘉弥真新也（2012年ソフトバンク入団）が移籍する形でENEOSに入ってきていました。「大城がプロへ行っても、嘉弥真がいれば何とかなるだろう」と思っていたのですが、ふたを開けてみると2011年のドラフトで嘉弥真のほうがプロに指名され、大城は指名漏れでした。

大城はショックだったと思います。本人には「これで終わりではないんだから、チームを勝たせて、そこから認められてプロへ行くのがベストじゃないか？」と話しました。

2012年は公式戦17試合で防御率1・14という好成績を残してドラフトでの指名を

待っていたのですが、指名されませんでした。

プロ入りを切望していた大城は、きっと「これだけやってもダメなのか……」と思ったでしょう。

それでも、大城は野球が好きで、目の前の試合には全力で向かっていきました。「ブルペンではあんなに調子が悪かったのに」とか、都市対抗の予選では「大丈夫かな?」という状態でも、試合の中で「見つけた! これだ!」と何か掴んで、都市対抗本選では好投する。マウンドに行くと変わるタイプでした。

田澤の場合は自分から残留を希望して、プロに行くのを1年延ばしてくれたことが2008年の都市対抗優勝に繋がりました。

大城の場合はドラフトで指名漏れしてしまったことが、チームにとっては大きかった。出会った日に「この投手が欲しい」と声を掛けたほど期待しましたが、彼はその期待以上のプラスアルファを、私自身にもENEOS野球部にも還元してくれました。

「目が覚めている間はずっと野球と仲間たちのことを考える」

プレーボールからゲームセットまで、ファイティングポーズを取り続ける。この姿勢を支えるのは、「野球が好きだ」という思い。それと、監督として求められた場所で巡り合った仲間たちへの思い。選手たちには「このチームで野球ができてよかった」「大久保さんと出会えてよかった」と感じてもらいたいのです。

バブル期だった1989年に「24時間タタカエマスカ」という、栄養ドリンクのキャッチコピーが流行語になりました。今は令和の「働き方改革」の時代。さすがに24時間は大げさかもしれませんが、私は朝起きてから夜寝るまで、仲間と作り上げていく野球のことを考えています。グラウンドにいるときだけが監督の仕事ではありません。それ以外の時間にも野球や仲間のことにアンテナを張っています。

世の中にはテレビや新聞、インターネットのいろいろな情報があふれています。アンテナを張っていると、「あ、これは今のチームに役に立ちそうだな」「これはアイツの参考になるかもしれないな」というものが引っ掛かります。

私はそれをメモしたり、メールやＬＩＮＥなどを使ってチームや選手個人に伝えたりしています。押し付けになるのはよくありませんが、やはりそこから何かをつかんで、少しでも良くなってほしいですから。

たとえば、ＥＮＥＯＳのある投手について「彼がもっと良くなるには、どうすればいいのかな?」と考えながらメジャー・リーグ中継を観ていたら、ある投手の投球フォームが目に留まりました。「彼のヒントになるかも」とアンテナに引っ掛かったのでしょう。何も考えずにお酒でも飲みながら観ていたら、「おお、すごいピッチャーだな」で終わっていたかもしれません。

ある日のスポーツ新聞に巨人の坂本勇人選手が守備の基礎練習をしている写真が載っていました。低い姿勢でゴロ捕球を繰り返している写真でした。「坂本選手は試合ではここまで低くなっていないけど、練習でここまで低くすることを意識しているから、試合につながっているんだぞ」と、野手陣にＬＩＮＥで送りました。

　すると、二塁手の小豆澤誠が「じゃあ僕はここまで低くします」と、地面で足を伸ばしてストレッチをしている写真を送ってきました。私は「こういう面白い返しを待っていたんだ！」と返信しました。

　あるとき、仲間との距離感の大切さを伝えるために、投手の柏原史陽や内野手の山崎錬の結婚式の写真を送りました。夫人と寄り添ってケーキに入刀している写真を使って、「このくらい近づけるのが大事だ」と。すると、山崎が「これくらいですね」と言って、私と妻の大東めぐみが、次男の遼（当時1歳）を抱っこしている姿が表紙になっている雑誌『赤ちゃんとママ』（２０１０年6月号）の写真を送り返してきました。


　こんなふうにして選手たちとのユーモアを交えたやり取りを楽しみながら、ちょっとしたヒントを与えるようにしています。

　一方的にヒントを与えるだけでは、選手のためになりません。野球をするのは選手で、監督はあくまで伴走者です。監督から何でも情報が入ってくる、監督が全部教えてくれるとなると、選手の思考や行動が止まり、「監督の言っているとおりにやればＯＫ」となってしまいます。興味があることや知らないことについては、選手自身がどん欲に自分で調べることも大事。それが、理想とする「選手が自立していて、監督がいらないチーム」につながると考えています。

朝起きてから夜寝るまで、チームのことや選手のことを考えるのは、私にとってしんどいことではありません。自分が好きなことをやっているだけですから。むしろ、野球のことを考えられる幸せを感じています。毎朝、神棚に手を合わせながら「今日も野球をやらせてくれて、ありがとうございます」と感謝しています。

妻は「あなたは、家を出てグラウンドへ行くときが一番うれしそうにしているね」と言います。グラウンドにいるときだけではなく、家にいるときも「監督」であり続ける。野球のことを考えていて、家族との会話が上の空になる。「これでは家族が可哀そうだな。申し訳ないな」と反省する。でも、やっぱり野球のことを考えてしまって、また反省する……。その繰り返しです。

私は結婚式に呼ばれると、こんなスピーチをすることがあります。

「妻と20数年いっしょにいますが、そのうち20年は喧嘩しています。私の我慢強さ、精神力が鍛えられたのは、実は妻と一緒に生活してきたからなんです」

でも、これはあくまで「ネタ」ですから！　妻の理解と支えがなければ、結婚したのが妻でなかったら、今の私はありません。照れくさいのであまり口には出せてはいませんが、心の中では本当に感謝しています。

メールやLINEで、目に留まった情報は選手たちにも送る。具体的な指示をするだけでなく、どういうものに意識が向かっているかまでを「共有」することで、監督の指向している野球がチームにも浸透していき、選手たちが自ら考えるようになる

第2章 人を導く

「自らの思いはストレートに伝える。計算していない言葉だからこそ、選手の背中を押す」

２０１２年の日本選手権では20大会ぶり２度目の優勝を果たしました。同年の都市対抗でも優勝しており、二大大会での二冠達成は１９８８年の東芝以来、24年ぶり２チーム目の快挙でした。

準決勝のトヨタ自動車戦。０対０のまま迎えた８回に三上が一死満塁のピンチを招きました。私はここで三上に代わって、沼尾勲をマウンドへ送りました。

沼尾は同期の田澤の陰に隠れている存在でしたが、同じ左投手である高橋憲幸ピッチングコーチ（２０２０年から日本ハムスカウト）の指導でメキメキと頭角を現していました。

このとき、私はマウンドで沼尾にこう声を掛けました。

「こんなしんどい場面で出して、悪いな。でも、父ちゃんが見てるんじゃないか？　応援してくれてるから、頑張れよ」

沼尾はその年の夏、交通事故でお父様を亡くしていました。ベンチから出たときは、この打者をどう攻めるかなど作戦のことを話すつもりでした。でも、マウンドへ行って沼尾の顔を見たときに意図せず出てきたのは、この言葉でした。

沼尾は次打者をサードゴロに打ち取り、北原郷大と交代。試合は延長10回表に二死満塁から山岡剛の押し出し四球で1点をもぎ取り、1対0で勝って決勝進出を決めました。

決勝戦は、その年の都市対抗の決勝と同じJR東日本が相手でした。先発に起用したのは、屋宜照悟（2020年から阪神打撃投手）でした。

その年のドラフトで日本ハムから6位指名された投手。大会前のオープン戦では打ちこまれていましたが、決勝の前日の夜、私は「お前しかいない」と伝えていました。

屋宜は6回まで無失点と好投していましたが、7回に先頭打者を死球で出した。私はマウンドに行って、声を掛けました。

「お前を採用してよかったよ。よくここまできたな」

すると、本人は涙目になってしまって……。こんな場面で泣かせてしまうような監督はダメだなと思いました。

屋宜はそこから1失点したものの、その後は救援した沼尾が危なげない投球で締め、5対1で勝ちました。

選手に掛けている言葉は、心理を読んでいるわけでも計算しているわけでもなく、自分の思いをストレートに伝えているだけ。それが結果として、いや、もしかすると計算していない言葉だからこそ、選手の背中を押しているのではないでしょうか。

ピンチの場面でマウンドへ送る投手にしても、チャンスの場面で打席に送る打者にしても、監督としては「この場面は、お前しかいない」と託して起用しているわけです。

悔いのないように。迷いのないように。奮い立たせるように――。選手をそんな気持ちにさせる言葉が自然と出てきます。ヘンにカッコつけたり、遠回りした言い方で考えさせたりせず、自分の思いを真っすぐぶつけるだけです。

「野球に慣れるな。野球を舐めるな」

野球というスポーツでは、硬球が150キロ近いスピードで投げ込まれる。そのため、危険がともないます。コンタクトスポーツではないので、そこまで頻繁にケガにつながる事故が起きているわけではないかもしれません。でも、ピッチャーライナーを胸部に受けて死亡した例、ファウルボールが当たって大ケガをした例などもあるように、ときには命にかかわる事故が起きています。

だから、試合中はもちろん、練習でもウォーミングアップからクールダウンまで、動きの一つひとつに集中して、思いをもってやらなければなりません。

集中力を欠いていたり、気の抜けたプレーをしたりすると、自分が注意していれば防げたはずの事故やアクシデントが起きてしまう。

油断したがためにボールが当たったとか、フライを捕る際にお互いに声を掛けなかったために選手同士がぶつかって倒れてしまったとか、自分がケガをしたり、相手をケガさせてしまったりするような事故につながってほしくない。

だから、私は「野球に慣れるな」「野球を舐めるな」と何度も何度も言っています。

野球に対して、仲間に対して、対戦相手に対してリスペクトを持つ。それが緊張感と集中力を生み、うまくなること、勝つことにつながります。

また、ケガをしないこと自体が、成長の前提条件にもなります。ケガをしてしまったらそもそも野球ができなくなるかもしれない。復帰できたとしても。治療やリハビリをしている間はどうしても技術の成長が妨げられてしまいますから。

2012年の日本選手権の1回戦・三菱重工広島との試合でのことです。

初回に3点を先制しながら、すぐに2点を返されるなど、初戦の入り方としてはよくなかった。

そんな試合の中で、「一番・中堅」の井領が守備で気の抜けたような、軽いプレーをしたのが目に留まりました。

私は試合中に「ちょっとこい！」と、彼をベンチ裏に呼びました。

怒りの感情にまかせて叱ろうとしたわけではなくて、井領は叱られてもグッと前を向けるタイプだと分かっていたので、厳しく叱責しました。

「おい、井領！　お前、分かってんのか！」

私の怒声は、ベンチにいたほかの選手にも聞こえていたはずです。

その後、1点を追う7回に宮澤健太郎の三塁打で逆転して、10対5で勝利。初戦を突破すると、前述したように準決勝のトヨタ自動車戦では沼尾、決勝のＪＲ東日本戦では屋宜の好投があって、20大会ぶり2度目の優勝と史上2チーム目の二冠達成を果たしました。


チームは、都市対抗で4年ぶりに優勝したことで、なんとなくフワフワしているように感じていました。どこかに慢心や油断があり、スキがあったのかもしれません。こんなチームでは優勝できないし、優勝したらダメだと感じていました。

結果的には、井領を叱ったことで、チームの緩みが引き締まりました。

でも……。私は井領のことを緩んでいた雰囲気を締める一つの手段にしてしまった。計算したわけではなかったにせよ、結果として計算した形になってしまった。今ではメチャクチャ反省しています。井領は「自分に怠慢な部分がありました」と認めて反省してくれたのですが、私自身の不甲斐なさをいまだに感じています。

井領は高校（桐蔭学園）の後輩でもあります。彼が高校生のとき、進学するか、社会人へ行くかという話になっていて、私が視察に行きました。

その試合ではチームは負けていたのですが、井領はあきらめずに全力でプレーしていて、ホームランを打ったのです。その瞬間に「この選手を獲りたい！」と思いました。

1年目の春のJABA東京スポニチ大会から試合に出て、代打で初ヒットを打つなど地道に実績を積み重ねた。井領には「ここぞ」という試合で何度も勝たせてもらいました。

あのとき、ああいう見せしめにするような形で叱責していなかったら、井領は、チームは、どうなっていたのか。逆転して、優勝していたのか。それとも、あのことで何かが変わったのかもしれない……。いや、でもそれは自分がしてしまったことを肯定したいがために、そう思っているだけなのではないか。それは良くないな……と、答えの出ない自分への問いかけが、今でも続いています。

「一人ひとりの選手をちゃんと名前で呼ぶ。1対1のコミュニケーションはそこから始まる」

現在、ENEOSには29名の選手と1名のマネジャーがいます。

このくらいの少人数であれば、投手と野手は別々に練習しているにしても、監督の目は届きます。何か変化があったときには気づけるので、対処もできます。

とはいえ、選手一人ひとりと1対1のコミュニケーションを取って、深く入り込んでやっていくのは簡単なことではありません。

慶大には約200名の部員がいましたので、今以上に大変でした。

2014年12月に就任したとき、まず全員の顔と名前を一致させることから始めました。自分が所属しているチームの監督に名前も覚えてもらえなければ、チームの一員だという自覚など、芽生えようがないでしょうから。

たとえば、出身校で覚えていく。その学校の監督さんを知っていれば、「あ、あの監督さんの教え子か」と記憶できます。1年生は練習用のユニフォームに黒マジックの大きな字で名前が書いてあるので覚えやすかったのですが、上級生はなかなか難しかったですね。

木澤尚文（2021年ヤクルト入団）は一度会った人は忘れないのが特技だそうですが、私にはそんな一流のバーテンダーのようなことはできません。コツコツと全員の顔と名前を一致させていきました。

学生にしてみれば、監督が「自分を誰なのか、本当に分かっているのかな？」と不安なのです。

あるとき、ベンチ入りメンバー外だった学生が卒業してから神宮球場に来て、私に挨拶してくれました。「何何です。分かりますか?」と訊くので、「分かるわい!」と笑いながらツッコみました。すると、「僕みたいな者を覚えてくれてありがとうございます」と言うのです。もしかしたら、その学生は高校までに教わった監督から、自分の名前を覚えてもらえなかったという経験があったのかもしれません。

学生を「おい!」とか「お前!」ではなく、一人ひとりをちゃんと名前で呼ぶ。私にとっては、ごく当たり前のことです。

「一人ひとりを理解するには接する時間を長く、密度を濃くするほかない。まずはグラウンドでの姿を見る」

監督は選手一人ひとりのことを深く理解していなければなりません。プレーヤーとしての能力はもちろん、性格も。能力と性格を擦り合わせながら、チームの中での役割、立ち位置、まわりへの影響力なども含めて把握する。それではじめて、一人ひとりに合わせた指導ができます。

慶大の監督に就任したときには、まず3年生以上の約100名と一人5分ずつの面談をしました。それだけでは足りるはずもなく、定期的に面談をする時間もない。一人ひとりを深く理解するには、接する時間を長く、密度を濃くするほかありませんでした。

私生活を細かく管理しているわけではないので、まずは、グラウンドでの姿を見ます。

選手の人となりは、ある程度、野球への取り組み方に出るものです。

慶大ではAチーム（一軍）から故障組のEチームまで5班に分けていましたが、監督を務めた5年間、Aチームだけではなく、すべての班の練習を見ていました。

郡司や柳町達（2020年ソフトバンク入団）のような主力選手だけではなく、ベンチ入りメンバー外の4年生だろうが、1年生だろうが、全員のことが気になります。毎日、朝5時半頃から19時過ぎまでグラウンドか合宿所にいました。グラウンド全体を俯瞰するときもあれば、個人を近くで見るときもありました。

練習では、ウォーミングアップからクールダウンまで、練習の一つひとつの動き、取り組み方を見ています。

ダッシュの1本にしても、ゴールのラインを越えるまで走り切るのか、途中で流すのか。キャッチボールの1球にしても、ていねいにやっているか、いい加減にやっているのか。練習の合間はキビキビしているか、ダラダラしているか。

練習しているときの表情は？　前を向いているのか、下を向いているのか。

全体練習が終わって、「お疲れさまでした」と言ったあと、それぞれの顔つきや雰囲気はどうか。練習が終わったあとは、何をして過ごしているのか。

こうしたことを気にしながら、練習を見守っています。

ある程度の技術力があって、「これくらいでやればいいや」という軽い感じでやっているのか。あるいは「もっとうまくなりたい」「少しでも成長したい」「勝ちたい」という向上心を持ってやっているのか。それは練習中の姿に滲み出てきます。

ただし、練習で見える姿がすべてではありません。

目立たないけど、黙々とやっている選手もいます。逆に、アピールが上手な選手、いわゆる「見せ練」のうまい選手もいます（それはそれで、才能かもしれません）。

何をつかもうとしているか、練習の意図が明確に見える選手もいれば、ただガムシャラにフルスイングでバットを振っている選手もいます。

グラウンドに残って練習する選手もいれば、室内練習場やトレーニングルームで練習している選手もいる。練習ですべてを出し切って、やり切る選手もいます。だから、練習がこうだから、戦力になるとかならないとか、決めつけたりはしません。

「目を見て、会話を交わす。さらにまわりに訊き、自分で得た印象と答え合わせをする」

一人ひとりを深く理解するために、見るだけではなく、目を見て会話を交わします。グラウンドで顔を合わせたら、まずは「おはよう」と一声掛ける。その日に初めて顔を見たとき、笑顔で、しっかりこちらの目を見て「おはようございます」と大きな声が返ってくれば「今日も元気だな」と安心します。

もし、「視線を合わせないな」「目に力がないな」「声が小さいな」「ちょっと身体が重そうだな」というときには、何かを思い悩みながらグラウンドに出ているのかもしれない。「何かあったのか?」と訊きます。

挨拶だけで終わるのではなく、できるだけ「最近、調子がいいな」とか「就活は順調か？」と話し掛ける。そそくさとその場を離れようとしたら「あ、今、逃げただろ？」と冗談ぽく言うこともあります。

慶大の監督に就任した当初は、私と目を合わせないようにしている学生もいました。ベンチにいても、いつも隅っこに座っている。ミーティングでは後ろのほうにいて、話を聞いているのか聞いていないのか、分からない。私がトイレに入っていくと、逃げるように慌てて出ていく。私がお風呂に入っていたら、入ってこない。

「オレはパワハラ監督じゃないのに……。なぜ堂々とできないのかな」と思いましたが、最初はしかたありません。やはり「大久保監督はどんな人なんだろう？」と構えるものでしょう。

そこは私のほうが心を砕き、歩み寄っていきたいところ。選手よりも人生の経験が豊富であるわけですから、選手が私に遠慮することがないように心掛けました。

そりゃあ、もちろん気は遣います。でも、機嫌をうかがうわけでも、媚びへつらうわけではありません。そこにあるのは、ともに野球をする仲間への対等なリスペクト。だからこそ、会話が成り立ちます。

監督に「こうだ！」と言われたら、選手は「はい！」としか言えないような、軍隊の上官と一兵卒みたいなピシャピシャした関係性は求めていません。短くてもいいから、お互いに目を見て、言葉を交わす。他愛もない冗談であったとしても、それも監督の役割の一つであり、選手にしてみれば練習の一つです。

グラウンド以外での姿までは、なかなか自分の目では直接見ることができません。慶大でもＥＮＥＯＳでも、寮生活や私生活まで含めて24時間ずっと選手たちのことを管理しているわけではありません。そんなことまでしたいとも思いません。

そこで、まわりに訊いてみる。自分が直接見たり、接したりして得た情報に、第三者からの情報を加えます。たとえば、その選手のまわりにいる選手やマネジャー、慶大時代なら学生スタッフ（学生コーチ）に「アイツって、どんなヤツ？」と訊いて、自分が感じた印象とすり合わせています。

「相手の性格に合わせながら、あっさりと、でも熱く接する」

一人ひとりを見て、目を見て会話を交わし、まわりから訊く。接する時間を長く、密度を濃くして積み重ねてくと、だんだん一人ひとりの性格が分かってきます。

「普段も明るいし、野球をやっているときも元気がいい」と、イメージが一致するわかりやすい選手もいれば、一致しない選手もいます。

普段はおっとりして大人しいのに、ユニフォームを着ているときは負けん気が強くて、ガンガン向かっていく選手。普段は口数が少ないけど、試合になったら熱く声を出す選手。練習と試合では印象が違う選手……。

それが分かれば、その選手にはどういう指導をすればいいのか、少しずつ把握できていきます。

「この選手は厳しいことをバシバシ言っても大丈夫なタイプだな」とか「この選手はプラ

イドが高いから、みんなの前では注意せずに、個別にしたほうがいいな」というふうに、だんだん見えてきます。

一度言っただけでは、分からない選手もいます。そういう場合は、何度も言う。でも、ネチネチしすぎないのも大事です。監督として「コイツをなんとかしたい!」という思いはありつつも、追いかけ過ぎない。だからといって、放っておくわけではありません。その距離の取り方は、あっさりと、でも熱く。「今言ってもダメだ」と思えば、一度パッと撤退します。

そこに理論や計算があるわけではないので表現しにくいですが、野球と同じです。押してもダメなら、引いてみる。強攻策で点が取れないからといって、打ち崩すのをあきらめているわけではない。作戦を練り直して、いったん手堅く送りバントを使う——といったところでしょうか。

「一人ひとりを見守り、いいところを見つけた瞬間に褒める。それが自己肯定感につながる。自己肯定感が人を育て、チームを育てる」

人には生まれながらにして自分を認めてもらいたい、自分の存在価値を確かめたいという欲求があります。誰かに褒められると、「自分はここにいていいんだ」「自分は必要とされているんだ」という存在としての自信がつく。それが自己肯定感を育てることにつながります。

自己肯定感のある人は、自分の良いところも悪いところも受け入れられます。自分は完全ではないと認める勇気もある。それが向上心につながり、人として成長していきます。また、他人をリスペクトし、頼ることができるので、他人と助け合い、お互いの足りない部分を補い合うことの喜びが感じられます。こういう人が多ければ多いほど、チームは育ちます。

反対に「自分はダメな人間だ」「オレなんて……」と自己否定感を持っている人はいつも不安があり、失敗が大きなダメージになりやすい。他人に無関心であったり、他人に嫉妬したり、褒められても素直に受け入れられなかったりします。自分自身を認められないから、他人のことも認められません。

私は選手一人ひとりを見守りながら、目標が達成できた瞬間や、できなかったことができるようになった瞬間に褒めています。

「褒める」というのは、きちんと評価するということ。得意にさせて次に何かをしてもらうことを期待する「おだてる」とは異なります。

一人ひとりにいいところがあります。そこを見つけた瞬間に、評価する。それが大事なのです。

たとえば小学生の自分が、体育の時間に校庭で鉄棒の逆上がりをしているところを想像してみてください。何人かが並んで、同時にやっています。逆上がりができたのに、先生がその瞬間を見ていなかったら？

「先生、できたよ！」とアピールして、「ああ、そう、よかったね」と言われても、うれしくないでしょう？　その瞬間に「よくできたね、すごいね！」と褒めてもらったほうが、うれしいに決まっています。

選手のその瞬間を、見逃さない。監督として、選手を一人きりで頑張らせるのではなく、見守り、励まし続けるために、私はずっとグラウンドに出ています。

「できることに焦点を当て、できないことができるようになるように導く」

私が２０１４年12月に慶大の監督に就任した当初は、「とにかく守備がうまい」「足が速い」というような、一芸に秀でた選手を探していました。全選手の長所、短所をすべて把握するには時間がかかります。まずは長所、それも飛び抜けた何かを持っている選手を把握しようと考えました。

そんなとき、当時1年生の岩見雅紀（2018年楽天入団）の姿が目に留まりました。打撃練習では、私が今までに見たことのない飛距離の打球を打っていました。社会人を含めたアマチュアで、あれだけの打球を飛ばす選手には、出会ったことがありません。

岩見は高校時代に通算47本塁打を放った選手。「プロになりたい」という目標を達成する道筋や自分の学力などを考慮して、「AO入試なら慶大に入れる可能性がある。慶大で4年間チャレンジしてダメなら、それが自分の野球人生と思える」と決意して、一浪の末に難関を突破して入学してきた選手です。

1年秋は1、2年生が出場する新人戦でもベンチに入れないレベル。当たったら飛ぶ。でも、当たらない。打撃練習でピッチングマシンのカーブを空振りするような選手でした。それでも、私は「長距離砲として、いつかものになる」と信じて、2年春のリーグ戦や2年夏のオープン戦で代打として起用しました。

バットに当たるより三振する打席のほうが多かった。でも、私は彼に「三振するな！」とは言いませんでした。彼が当てにいく打撃をしても、魅力はない。彼の長所に焦点を当てて、「お前の魅力はフルスイングで当たったときにフェンスを越えるところだ。それはほかの選手にはないものだから」と励まし続けました。

ただし、いくら豪快なスイングでも、空振りを繰り返すだけでは意味がありません。「バットと球の距離を埋めるにはどうすればいいのか、考えよう。タイミングは？　バットの軌道は？」と問いかけながら、試行錯誤を促しました。

「なぜ空振りするんだ！」とは言いません。空振りしていることは、本人が一番分かっている。それをわざわざ指摘しても、傷口に塩を塗り込むだけ。そうではなく、なんとか前に進めるような言葉を掛けました。

たとえば、試合でツーストライクに追い込まれた。今までなら「変化球が来たら、全部三振」だったのに、フォークボールにバットが止まったら「お、あんないいフォークボールにバットを止められたぞ！」。カーブをファウルにしたときは「よし、当たったぞ」。凡打になっても「前に飛んだ！」。もちろん、茶化していたわけではありません。

一方で「もしかして、ただ手が出なかっただけか？」などと冗談ぽく訊きながら、岩見本人が何をどうしたから、それができたのか、そのときの心理状態はどうだったのかなどを確認しました。

前述の「自己肯定感」につながる話ですが、岩見には自分の長所とともに改善すべき点も受け入れる強さがありました。

「ボールへの目付をこうしたら、バットが止まるようになりました」「バットの軌道をこうしたら、当たるようになりました」と、少しずつ少しずつ、ボールのバットのズレが小さくなっていきました。

私が岩見の可能性を信じているだけで、もしも本人にこういう工夫や努力がなければ、同じだけのチャンスはあげられなかったと思います。

2年時（2015年）の秋、法大1回戦では代打として左翼席へ3ランを打ってリーグ戦初本塁打を記録。3年春にはレギュラーの座をつかみました。

そこから本塁打を量産して、４年（２０１７年）の秋までに21本塁打を打ちました。岩見にとって慶大の先輩にあたる高橋由伸（元巨人監督）のリーグ記録（23本塁打）には及びませんでしたが、リーグ歴代３位の記録です。岩見はリーグ戦に出場し始めたのが遅く、61試合（１７８打数）で21本塁打。約８・５打数に１本というハイペースで本塁打を量産した。高橋は１０２試合（３６６打数）で23本ですから、岩見のペースがいかに驚異的か、お分かりいただけると思います。

岩見が４年秋の明大２回戦で打った５試合連続本塁打、４年時の年間12本塁打は、どちらもリーグ記録として残っています。

「結果だけで責めてはいけない。それではヤジと同じ。責めるべきは自分の指導力不足」

私は、試合での結果だけで選手を責めることはありません。

たとえば、前述の石川のように、自分のチームが一人でも多く走者を出したいときに、スリーボールから打者がボール球に手を出して、内野フライを打ち上げたとします。石川は甘い球を打ちましたが、「待て」のサインを見逃していたので叱りました。でも、何も言っていなかったのに凡打した結果だけで「なんで打つんだ！」と叱ることは絶対にしません。

そう言ってしまうと、今度はボールが先行している打者が有利なカウントで甘い球が来たときに、バットが振れなくなってしまうからです。

監督が言うべきなのは、結果が出た後ではなく、出る前。たとえば、「待て」のサインを出す。または選手が打席に入る前に「相手投手が制球に苦しんでいるから、ここはワンストライクまで『待て』だぞ」と言う。もっと言うと、試合前に「今日の相手の先発ピッチャーはコントロールが良くないから、ストライクだけを狙って打っていこう」と伝えておく。

結果だけで選手を責める人は、今度はバッティングカウントで甘い球にバットが出ないときに、「なんで振らないんだ！」と言います。

そうすると、選手はどうしたらいいのか、分からなくなってしまいます。振れば怒られ、振らなければ怒られる。結局、ヒットを打たないと怒られるのか……。それは違います。ゲームであれば、自分がボタンを押せば、画面の中の選手はバットを振る。でも、選手はコンピューターで動いているわけではないのですから。

監督が結果だけを責めるというのは、不満やイライラを選手にぶつけているだけ。それでは、酔っぱらいのヤジと変わらない。誰でも言える。そんなことを言っても、選手の成

バットを振れば怒られ、振らなければ怒られる。そんなふうに、監督が結果だけを責めると選手は混乱し、どうしてよいか分からなくなってしまう。不満やイライラをぶつけているだけでは、選手の成長にはつながらないと大久保監督は力説する

長にはつながりません。

監督は、そういう結果になったことを自分自身の責任だと考え、指導力不足を反省するべきです。

「野球の神様は、コツコツと積み上げてきた日々を見ている。だからこそミラクルが起きる」

2012年の都市対抗では4年ぶり10回目の優勝を果たしました。

JR東日本との決勝戦では、序盤に先行されましたが、6回に捕手の山岡剛が左翼席へ逆転3ランを打つなど4点を奪って試合をひっくり返し、6対3で勝ちました。

山岡は私が最初にENEOSの監督になって1年目（2006年）に入社した選手です。

実際のところ、監督就任1年目というのは前任の監督が作り上げたチームをそのまま引き継ぎます。まずは、今あるチームの一人ひとりの選手を自分なりに見極めることからのスタートになります。山岡はケガをしていたこともあって「1年でマネジャーにする方向で、選手としての採用枠にプラスして採用した」と聞いてはいましたが、私自身の目で彼のプレーを見なければ、評価も判断もできませんでした。

山岡はケガで出遅れていましたが、彼が黙々と練習する姿に感じるものがありました。そこで、復帰してから試合で起用した。すると、ゲームが落ち着いたのです。肩が強いとか、瞬発力があるというわけではないのですが、頭脳と献身的な野球観がある捕手でした。

2006年の秋頃に彼が正捕手になってから、チームは2008年の都市対抗で優勝して、同年の日本選手権でもベスト4に入るなど、安定して結果が出せるようになっていきました。私は山岡に「グラウンドではお前が監督のつもりでやれ」と言っていました。

山岡は、言うなれば「努力の天才」。捕手として、夜遅くまで対戦相手のビデオを見ながら分析する。なおかつ打撃でも貢献したいと、バットを振る。攻守の両面で、コツコツと積み上げてやってきた選手です。

2012年の都市対抗では、山岡は打撃不振でした。準決勝までの4試合で、1安打しか打っていませんでした。

JR東日本との決勝戦では1対3と2点を追う6回に、宮澤の三ゴロが相手の失策を誘って1点を返してなお二死一、二塁というチャンスで、山岡に打順が巡ってきました。

相手は好投手。なかなか打つのは難しい。試合を見ていた人のほとんどが「ここはたぶん代打だろうな」と考えるシチュエーションでした。

でも、私にはまったく代打を出すつもりはありませんでした。努力の天才である彼を信頼していたからです。

その結果が、値千金の逆転3ラン。優勝を手繰り寄せる一打でした。

打つほうはさっぱりだった打者に、ちょっと遅めの球が打てる高さに吸いこまれるように来た。これを「持ってるね!」と運だけで片付けるのはちょっと違います。

山岡は試合後の取材で「野球の神様って、いるんだな」とコメントしていましたが、まさにそのとおり。彼が努力を積み上げてきたからこそ、あの場面で本塁打が打てたのです。

山岡は捕手として日本一に4回（2008年、2012年、2013年の都市対抗と、2012年の日本選手権）も貢献。2014年限りで現役を引退し、2015年9月までコーチを務めたあと、2016年12月から2019年まで監督を務めました。現在は社業で期待に応えてくれています。

「練習を頑張る」というモチベーションは、誰かに上げてもらうものではない。野球が好きなら、自然に上がるもの

モチベーション。よく使う言葉ですが、その上げ方というのは、すごく難しいテーマだと思っています。心理学を学んでいる人だったら的確な答えを出すんだろうな……と思いながら、私なりに考えています。

学生の場合は、仕事とは違う責任感の中で野球をやっています。誰かに強制されているわけではなく、野球が好きだから、やっているはず。大学野球に限らず、すべてのスポーツのアマチュア選手は、みんな同じでしょう。

「将来はプロ野球選手になりたい」という目標。「うまくなりたい」「こういう成績を残したい」「こういう選手になりたい」という目標。「目の前の試合で勝つ」という目標。そういう目指すところに、常に向かっています。

そんな中で、なぜ「しんどいから今日は練習したくない」「負けて気分が沈んだからモチベーションが下がった」ということになるのか――。私は、どうしても疑問に思ってしまうのです。

技術を習得しようとコツコツと練習を積み重ねているとき、壁にぶつかることがあります。そこで「この練習をしていてもいいのかな?」と悩むのなら、まだ理解できます。疲労がたまって、これ以上無理をするとケガにつながるリスクがあるときは、練習を休んだほうがいいかもしれません。

でも、「何かしんどいな。今日は練習したくないから、雨でも降らないかな」と思う選手がいます。

思い出してくださいよ、野球を始めた頃のことを。雨が降ったら「なんだ、今日は雨か。つまんないな。野球やりたかったな」と思っていたのではないですか？　友達とキャッチボールをしているうちに日が暮れて、親に「もう遅いから、やめなさい」と叱られて、しぶしぶ家に帰っていたのではないですか？

野球は命にかかわる危険があるスポーツだというのを理解したうえで、「野球が好きだ」という気持ちがあれば、必然的に「うまくなりたい」という向上心を持って、真剣に練習に取り組むでしょう。

社会人野球においては、勝たなければ存続の危機がありえます。それが分かっていれば、練習に「なんとなく」とか「今日はこのくらいでいいや」という日はないはずです。試合が近くなれば、必然的に「よし、やってきたことの成果を出せる場所だ」となるでしょう。

もしそうならないとしたら、監督の仕事は「明日休みにするぞ！」とオフを与えて「じゃあ、今日は頑張ろう」という気持ちにさせることではありません。その選手に、「君がいたい場所は、本当にここなのか？」「なぜ、何のために野球をやっているのか？」と問うことです。

選手の成長を加速させる。自信がないところを後押しする。上達のためのヒントを与え、導く。それが監督の仕事です。

選手には「うまくいかないな」「これ以上練習しても、また負けるかもしれないな」など、いろいろな思いがあるかもしれません。でも、「野球が好きだ」という気持ちに変わりはないはず。監督は、選手がその原点に立ち帰れるようにしてあげれば良いだけです。

監督が結果だけで責めたり「お前はダメだ」と否定したりしてしまうと、選手は練習どころか、野球そのものが嫌いになってしまいます。

ただでさえ、選手は結果が出なかったことで「オレはダメだ」と自己否定感を覚えてしまう。そこに輪をかけて指導者が「ダメだ」と言ってしまうと、さらに「やっぱりオレはダメなんだ……」となってしまいます。

アマチュア野球の指導者は、選手たちの「野球が好きだ」「もっとうまくなりたい」という気持ちを妨げてはいけません。

「「イマドキの子は……」と決めつけて否定しない。「イマドキの子」ならではの特長もある。一括りにせず、一人ひとりを見極める」

「イマドキの子は……」

年を重ねた世代は、今の若い世代を一括りにして、否定的に言うことがあるようです。

私は「だから～～だ」とは決めつけません。

「団塊世代」「ポスト団塊世代」「新人類世代」「バブル世代」「団塊ジュニア世代」「ゆとり世代」……。この本を読んでいただいている方の中にも、「○○世代」と括られて、違和感を覚えた人はいらっしゃるのではないでしょうか。

イマドキの子は「言われたことしかできない」「自分から動けない」。たしかに、なかにはそういう子もいるかもしれません。もしくは平均値を出せばそう言えるのかもしれません。

でも、監督が指導しているのは「平均値」ではなく「個々の人間」です。それなのに一括りにして「こうだ」と頭から決めつけてしまうと、監督として思考が停止してしまいます。私は自分が関わっている選手や学生一人ひとりがどういう人間なのか、どういう性格なのか、見極めています。

慶大の監督に就任したとき、学生たちは自分の息子（長男）と同世代だったので、自分の息子と比較しないよう注意しながら、一人ひとりについて「どんな感じなのかな？」とじっくりと自分の目で見たり、聞いたりしていました。

私は卒業してからも約30年、野球界に携わっている。その中で結婚して、子どもが産まれて……という人生の経験があります。そういう心の余裕のようなものも多少はあるから、なんとなく子どもと接するような形で指導に携われていたのかなとは思います。

当然、可愛い面もあれば、危なっかしい面もあります。「表」と「裏」と言ってもいいかもしれません。でも、それは「○○世代だから」ではなく、人間とは少なからずそういうものでしょう。

慶大の監督を務めた5年間で、「自分が学生だったときよりも、賢くて貪欲だな」とたびたび感心していました。

学生たちは本当によく練習していたし、ひたむきにやっていた。黙々とやり続けることで成果が表れる。学年が上がるごとに成長していく。そんな姿を見ていて、自分はどれくらいやっていたのかと振り返ると、「オレはあまり頑張ってなかったのかも。オレもこれくらい練習していたら……」と感じました。

私が言ったことに対しても、言われたことをするだけではなくて、「自分たちでもっと良いチームにしていこう」「もっといい方向に進めていこう」「監督に指摘される前に、自分たちで解決しよう」となっていってくれました。

たしかに「イマドキの子」という括り方もあります。それならば「イマドキの子」だからこそ、私たちのときには考えられなかったような成長があります。

私たちの頃は情報が少なかった。技術に関しては、『週刊ベースボール』でプロの選手の連続写真を見るとか、技術書を読むくらいしかできませんでした。

今は「知りたい」と思ってインターネットで検索すれば、情報がすぐに得られます。いろいろ調べていく過程自体の面白さを感じられなくなった部分はあるにせよ、情報がポンと出てくるのは便利です。身体のこと、トレーニングのこと、技術のこと、メンタルのこと……なんでも情報が揃っています。プロアマの規定があって、プロ野球選手から直接の指導は受けられませんが、プロ野球選手が発信しているＹｏｕＴｕｂｅなどで動画を見ることもできます。

以前のように地道に図書館でいろいろな本を読んだとか、本屋へ行って探したという、時間をかけて「これだ！」と見つけたものと、インターネットで検索してパッと出てきたのとは違うかもしれません。そのしつこさとか粘りみたいなのが、技術の習得にもつながります。

だからといって、すぐに答えを求める「イマドキの子」はあきらめが早いかというと、決してそれだけでは判断できない。そこも決めつけはしません。

若い世代の人たちはスマートフォンやパソコンなどでSNSを駆使して、上手にコミュニケーションを取っています。

私たちの頃の慶大野球部は1学年が25人前後で、チームで100人くらいの所帯でした。今は倍近い大所帯になっていて、同期だけで50人もいる。

最初のほうはそんなに関わりが深くなかったような同期でも、学年ミーティングを頻繁にやって、その内容をSNSで共有していた。LINEのグループにはチームの全員が参加しているものや学年ごとのものなどグループがあって、そこでいろいろな情報を伝達していた。タイムラグもモレもないから、みんなが共有できていました。

私たちのときと同じか、もしくはそれ以上の同期の「横」のつながり、先輩・後輩の「縦」のつながりを感じることができているのではないでしょうか。

世の中はドンドン変化しています。学生の気質も変化しています。ということは、指導者も変化しないといけない。そこで監督のほうから「イマドキの子は……」と壁を作ってしまうと、選手も壁を感じるから、お互いの距離はそのまま縮まりません。

私は人が好きなほうだから、相手が学生であっても、年が離れていても、いっしょに食事に行ったり、カラオケに行ったりできます。「監督と選手」という、越えてはいけないラインみたいなのはあると思うのですが……。そこまで学生気分が抜けていないだけなのかもしれません。

「野球から学ぶことはたくさんある。野球部で共に過ごす中で選手自身が気づくように、後押しするのが監督の役割」

私は大学時代に恩師である前田祐吉監督（故人）から「学生の本分は勉強。ただし、学校で教わることだけが勉強ではない。野球から学ぶことがある」と教わりました。前田監督は「エンジョイ・ベースボール」を提唱しましたが、それは「明るく、楽しく、楽をして勝つ」ということではありません。

勝つために、うまくなるために創意工夫をする。毎日の練習を積み重ねる中で、思うようにいかない悩み、歯がゆさ、苦しさもある。その過程を乗り越えて勝ったとき、うまくなったときにこそ、エンジョイできる。汗や涙を流したり、我慢したりするだけではなく、楽しさの先にある達成感を覚えることで、また毎日の練習を積み重ねる持続性が生まれます。それが慶應の「エンジョイ・ベースボール」です。

野球をする過程で、仲間や先輩たちの姿から学ぶことがたくさんあります。一人ひとりが「どう成長したいか」を明確に持ち、それを言葉にできる。目標を達成するために自分が何をすべきか考える。自分の能力を客観的に把握して、長所を伸ばしたり短所をなくしたりする工夫をする。「ここぞ」という場面のプレッシャーに打ち克つ。対戦相手をリスペクトする。相手のチームや選手を分析して、勝つための戦略や戦術を練る。最後まであきらめない。フェアプレー精神で正々堂々と戦う。

挨拶ができる。監督、チームスタッフや仲間と報告・連絡・相談などコミュニケーションをうまく取り、意見や情報を共有する。チームメートを尊重する。嘘をつかない。お互いの個性を認める。

「個」に頼るのではなく、チームとして束になった強さで挑む。全員が同じ方向を見る。指示されてから動くのではなく、先を読み、常に自分にできることを貪欲に探す。自分の健康を管理する。身の回りを整理して、公共の場所や共有しているスペースを清潔に維持する。当たり前のことに感謝する……挙げればキリがありません。

これらは監督が「ああしなさい」「こうしなさい」と口に出して指導するわけではなく、選手自身が仲間と共に過ごすうちに、自然と気づき、身に付くものです。そして、監督や先輩、仲間たちにしてもらってうれしかったことがあれば、今度は自分が仲間や後輩にしてあげるようになります。

監督の役割は、こうしたチームの文化や環境を作ることです。

私は野球をとおして、選手たちに「野球のおかげで人生が豊かになった」とか「野球ができて、楽しい人生だな」という経験をさせてあげたいと考えています。

ただ、同時に、勝負では勝ちたい。負けたときに「教育だから」「人材育成だから」という言い訳はしたくありません。

「野球を引退した後のほうが、人生は長い。野球から学んだことが人生で生きる」

野球選手は、いつかは現役を引退します。高校までで終わる人が多く、大学、社会人、プロと、上のステージまで続けられる人は少ない。現役を引退したあとも野球に携わっていく人となると、ほんの一部に限られます。

ＥＮＥＯＳの場合は、いくら優秀なプレーヤーでも30歳前後で選手としては一区切り。35歳まで現役を続けるのは難しい会社です。

社会人野球で約10年間プレーする。その間に会社員として野球以外の世間を見て、学ぶ。そこから社業に専念する期間は30年です。現役を引退してからの人生は、野球人生よりも長い。その人生に、野球から学んだことが大きな利をもたらしてくれます。

「日本石油の中興の祖」と呼ばれる建内保興さん（故人）は１９５６年から１９７３年ま

で日本石油の野球部長を務め、のちに日本石油の社長、会長を通算16年間務められました。その系譜がずっと受け継がれていて、前述したように現在のＥＮＥＯＳホールディングスの杉森務代表取締役会長も、私が監督として２０１２年、２０１３年に都市対抗で連覇したときの野球部長です。こうして野球が会社の文化の一つになっているという背景もあって、ＥＮＥＯＳの野球部で活躍して、のちに会社でも活躍している人材は多くいます。社員から「野球部は特別扱いされている」と妬まれるくらいです。

しかし、単に野球部出身というだけで「野球以外には何もない」という人が、そういう立場になっていくはずがありません。野球の成績と、社業として仕事ができる・できないとは全く別です。「野球バカ」ではなく、野球から学んだコミュニケーション能力などが、お客様と接するところで生きます。仕事は、なんだかんだ言っても、最後は「人」ですから。

私が２００６年にＥＮＥＯＳの監督に就任したときの主将・宮澤健太郎は今、会社で高く評価され、期待されています。

彼を採用したのは、前任の若林重喜監督です。私が監督に就任したときに、彼を主将に指名しました。宮澤は私が言わんとすることを理解してくれて、私と選手の間に立って役割を果たしてくれました。

2006年の都市対抗の神奈川二次予選・三菱ふそう川崎との敗者復活2回戦。彼は三塁を守っていたのですが、強烈なゴロが顔面に当たってしまった。タイムをかけて、彼は治療のために1度ベンチに下がったのですが、見る見るうちに顔が腫れてきて……。それでも宮澤は「大丈夫です、いきます！」と言うのです。

さすがにすぐに病院へ行ったほうがいいということで、試合中に行かせました。残っていた選手は、「宮澤のために！」と戦いましたが、結局は1対6で敗退。3年連続して都市対抗出場を逃しました。

病院での検査の結果、宮澤の顔面は陥没骨折していました。即入院でした。その状況でも「いきます！」と言える選手。ケガを押して出場することを美談にするつもりはありませんが、キャプテンとして信頼、信用に値する選手。思いを持っている選手でした。

彼はもともと守備が苦手でした。就任時にまわりの話を聞くと、「フライも捕れない」と言うほど。実際に私が見たら、サードへゴロが転がると、綺麗なトンネルをすることがある。

でも、試合でエラーをしたら、宮澤はその試合後にコーチにノックを打ってもらって、自分と向き合っていました。それが大会中であろうと、遠征先であろうと、自分が納得するまでやっていました。もう心はズタズタだと思うんですよ。それでも打ちひしがれることなく、ひたすら練習していました。それは、彼が現役を引退するまで変わることはありませんでした。

だから、私は彼を外しませんでした。そうしたら、1年目より2年目、2年目より3年目とドンドンうまくなっていきました。

もともと打撃はシュアだったのですが、最後は守備も「守備の人」というくらい安心して見ていられた。彼のプレーに何度も救われました。2008年の都市対抗では、打率・438で首位打者賞を獲得するなど、優勝に貢献してくれました。

私が監督に就任した当初、グラウンドのトイレの掃除は私がやっていたのですが、宮澤が「僕がやります！」と率先してやってくれるようになりました。その取り組みが首位打者や優勝につながったというと綺麗ごとに聞こえるかもしれません。でも、私はやはりどこかでつながっているのではないかと思います。

宮澤のような選手は、なかなかいません。縁があって、宮澤と出会えた。私が監督に就任したタイミングで彼がいてくれて、彼がチームの中心になって、弱いところからどんどん積み上げていってくれた。それは心の中に強く残っています。今でも宮澤が三菱ふそう川崎戦で「いきます！」と言ったときのことを思い出すだけで、ウルっとくるくらいです。

精神力。気合い。気持ち。自分の欠点を認めて、努力する姿勢……。彼が野球から学んだことは、仕事にも通じます。宮澤は今後の人生のあらゆる場面で、「ああ、野球をやっていて、よかったな」と感じてくれるはず。私はそう信じています。

「たかが野球」。されど、野球は人生を豊かにしてくれるものの一つ

私の慶大時代の恩師である前田監督は、「たかが野球」という言葉をよく使っていました。

「世の中の全体から見たら、野球をやっている人がどれくらいいるの？」

「人生が左右されるほど野球で苦しまなくていいじゃないか」

「たかが野球」には、そんな思いが込められています。


私は野球で生活させてもらっています。野球が楽しくて、愛しくてたまりません。野球から学んだこともたくさんあります。これまでの人生を振り返っても、野球には感謝しかありません。

その意味では矛盾するところもあるのですが、私にとっては、まず人生があって、その

なかに野球がある。「人生＝野球」ではありません。

「野球バカ」という言葉があります。これが「その道を極める」という意味であればいいでしょう。そういう人は世の中で尊敬されます。しかし「野球がなくなったら、僕には何も残りません」という意味の「野球バカ」になってはいけない。野球に人生のすべてを懸けてしまうと、野球で挫折したときや引退したあとに行き場をなくしてしまいます。

野球はあくまでも自分の人生を豊かにしてくれるものの一つ。「野球がすべて」「オレには野球しかない」と入れ込みすぎて、野球に人生を振り回されてしまうのはどうかと思います。

「朝起きてから夜寝るまで、仲間と作り上げていく野球のことを考えている」と前述しました。でも、私はふと立ち止まって、「これでいいのかな」と客観視して、自問自答するようにしています。

野球や仲間のことにアンテナを張っていますが、アンテナでキャッチするのはそれだけではありません。

今、世の中で何が起こっているのか。経済の状況はどうか。会社はどういう状況なのか。選手たちには「野球のことだけではなく、そういう情報もちゃんと取り入れなさいよ」と言っています。

私が選手たちにメールやＬＩＮＥで情報を伝えるのも、野球に関することばかりではありません。私が「あ、この記事は気になるな」「この言葉はいいな」と感じたら、送っています。たとえば、ある記事でスピードスケートの小平奈緒選手が好きな言葉として「明日死ぬかのように生きよ　一生生きるかのように学べ」というガンジーの言葉を挙げていましたが、そういう記事も送っています。

私は選手を野球に縛り付けるようなことはしません。慶大の監督時代は、学生たちに「野球より楽しいことがあったり、『将来的にはこうなりたい。今はその勉強をしたい』ということがあったりしたら、少しでも早い段階でその道を行ったほうがいいよ」と言っていました。けっして冷たく突き放したわけではありません。

「たかが野球」なのです。真の意味で「エンジョイ」できないまま無理をして野球を続けるくらいなら、それが勉強なのか、遊びなのか、他のスポーツなのかはともかく、早く舵を切ったほうが将来的に「良い人生だったな」と言えるのではないでしょうか。

「監督は固定観念にとらわれず、新しい考え方や方法を知って受け入れる勇気を持て」

前田監督は普段は本当に温厚で、ダンディな方でした。

野球はもちろんですが、麻雀も大好きで、学生と一緒に麻雀をやってしまうような人でした。合宿所の部屋で、前田監督がメンツが揃うのを待っていた。メンバーだろうがメンバー外だろうが関係なく、麻雀をしながら他愛もない話をしていました。

ただ、試合になると瞬間湯沸かし器のようなところがありました。イライラすると神宮球場のベンチ前の人工芝を手でむしっていましたね。ピンチになるとマウンドへ行って、足でマウンドをならしているように見える。でも、実は投手の足に砂がかかっているとか。

ある日、私が練習時間中に応接室で新聞を読んでいたことがありました。そのとき、小桧山雅仁（元横浜）たちが投球練習を始めるのに「キャッチャーがいない」となっていて、前田監督が私を探しに来たんです。新聞を読んでいたのが見つかって、激怒されたことがあります。あれはどう考えても私が悪かったですね。

前田監督は時代を先取りして、いろいろな考え方を取り入れる柔軟な発想の持ち主でした。よく英語で書かれた本を読んでいて、新しい情報を仕入れておられました。

当時から、投手には「ムービング・ファストボール」の重要性を説いていました。また、打者にはゴロを打つのではなく長打を狙うスイングを指導していました。まるで打者がより得点に貢献するためにフライを打つ「フライボール革命」を予見していたかのようです。試合で本当に「ホームランを打ってこい！」と言って選手を打席に送り出すことも何度もありました。

前田監督は2016年1月7日に亡くなりましたが、2020年に野球殿堂入りされました。生前には「オレが元気なうちに、お前が慶應の監督をやっている姿を見たい」とおっしゃっていただいていました。2015年にその姿をお見せすることができたのですが、お亡くなりになるまでに優勝をお見せすることはできなかった。それが心残りです。

前田監督は「チマチマした野球は大嫌いだ」と公言していました。

私も前田監督の野球を継承していく中で、就任1年目（2015年）のチームは横尾俊建（2021年から楽天）、谷田成吾（2019年12月から徳島インディゴソックス球団代表）、山本泰寛（2021年から阪神）らがホームランを量産していました。

前田監督は身体が悪い中でもリーグ戦の試合を神宮球場まで見に来てくださって、「オレの観たい野球、面白い野球をやってくれている。大久保らしくやってくれ」と言ってくださいました。「オレなんかとっくに超えているから、何の心配もないよ」ともおっしゃってくれて……。就任した年は春も秋も3位に終わったので、先輩方の厳しいご意見があったのですが、そんな中で自分が認めていただきたい方にそういう言葉をもらえたことで、本当に救われました。

前田監督のように、監督には固定観念にとらわれず、新しい考え方や方法を知って、受け入れる勇気が必要です。そうして変化していくことが、監督としての成長につながります。

たとえば、以前は「野球選手は筋肉をつけすぎるとよくない」「野球選手に筋トレは必要ない」と言われていましたが、今は変わってきています。

福岡ソフトバンクホークスは２０１０年から全日本ボディビル選手権で６連覇した高西文利氏をストレングス担当コーチに招いています。読売ジャイアンツでも２０２１年から２０１６年世界ボディビル選手権王者の鈴木雅氏が若手選手にウエートトレーニングや食事、サプリメントの摂取方法などを指導しています。

また、少年野球時代に「フライを打ち上げるな。ゴロを転がせ」という指導を受けたことがある方も多いと思いますが、今は「フライボール革命」の考え方もあります。ゴロを打つことで成功できる選手もいれば、「フライボール革命」のほうが合っている選手もいます。

みんなが同じ方法でうまくいくとは限らないし、古い考え方が間違っていて新しい考えが正しいと決まっているわけでもありません。極端に言えば、ゴルフのパターのクロスハンドグリップ（逆手グリップ）のように、人とはまったく異なる方法で成功する選手もいるのですから。

「いろいろな監督から学んだことが私の土台。監督になった今も、ほかの指導者から学んでいる」

私は前田監督をはじめ、これまでにいろいろな指導者の方に教えていただき、支えていただいています。

小学5年生で厚木リトルに入り、そのまま厚木シニアに進んで、全国大会でベスト8に入りました。このときに指導していただいた石黒忠監督には、もともと右打ちだった私を、左打ちに一から作り上げていただきました。その過程で野球の楽しさを知ったことが、野球というスポーツに深く入っていくきっかけになりました。

桐蔭学園高校時代は、土屋恵三郎監督（2015年から星槎国際湘南高校監督）から、当時の高校生としてはかなり細かい部分まで野球の基礎・基本を教えていただきました。

慶大卒業後、1992年に日本石油（後にENEOS）に入社すると、1993年には林裕幸監督、1995年には中葉伸二郎のもとで都市対抗での優勝を経験させていただきました。

1996年のアトランタ五輪日本代表では銀メダルを獲得しましたが、当時の日本代表の監督で、2021年に野球殿堂入りされた川島勝司監督には一貫して正捕手として起用していただきました。私はその信頼に応えようという思いでプレーしていました。

1997年に近鉄バファローズ（当時）に入団してからは、佐々木恭介監督と梨田昌孝監督のもとでプレーしました。

こうしていろいろな監督のもとで学ばせていただいたことが、監督としての私の土台になっています。

２００1年に戦力外通告を受けて5年間のプロ生活を終えたあと、２００2年からは球団の広報として働いていました。その私に指導者としてのきっかけを作ってくださったのが、２０１6年に野球殿堂入りされた全日本野球協会の山中正竹会長です。

山中さんは２００2年まで法大の監督を務め、２００3年に横浜ベイスターズ（当時）の専務取締役に就任されました。そのとき、「いっしょにやらないか？」と声を掛けていただき、横浜の二軍（湘南シーレックス）で打撃コーチとして指導者人生を歩み始めることができました。

２００5年の12月に新日本石油ＥＮＥＯＳ（後にＥＮＥＯＳ）の監督になってからも、私はいろいろな指導者の方から話を聞いて学んでいます。

その一人が、落合博満さんです。落合さんとは、中日で打撃投手をしていた高橋憲幸に２００7年に投手コーチとして戻ってきてもらった縁や、２０１4年のドラフトで中日へ送り出した井領や石川がお世話になった縁があり、お話する機会がありました。勝ち続けた監督であり、『采配』などチームマネジメントに関する本も出されている落合さんのお話からはたくさんの学びがありました。

落合さんからは、「お前のこと、見てっからな」と言われました。プロ出身者の大久保が社会人で監督をする。今後、お前の後ろに続く人が増えていく可能性もある。だから、頑張って成功しろよ——そんな意味でした。この言葉は、今でも支えになっています。

同じ監督という立場であり、同じ昭和44年生まれの東海大相模高の門馬敬治監督、大阪桐蔭高の西谷浩一監督、花咲徳栄高の岩井隆監督、日本体育大の古城隆利監督、上武大の谷口英規監督とはいろいろな話ができます。彼らとの会話は、自分の考えを確認したり、自分にはない考え方に接したりする機会になっています。

野球に限らず、他の競技の指導者の方のお話も聞いています。法政大学アメリカンフットボール部のシニアアドバイザーであるアンダーアーマー（株式会社ドーム）の安田秀一社長とは長年の付き合いで、彼から受ける刺激や情報はすごく自分にとってプラスになります。帝京大ラグビー部の岩出雅之監督のお話には、ヒントがたくさんあります。

今の自分があるのは、こうした方々のおかげです。その感謝の気持ちを忘れずに、持ち続けています。

「自分の専門外の分野は、専門スタッフに任せる。参謀としての意見を聞き、柔軟に取り入れる」

監督という仕事は、オールマイティーであることを求められます。打撃、内野守備、外野守備、走塁、投手、トレーニング……。指導は多岐にわたります。

プロ野球なら各分野のコーチがいますが、高校までのアマチュア野球では監督が一人ですべてを担当しなければならないケースがほとんど。それは本当に大変なことだと思います。

大学や社会人の場合は助監督やコーチ、トレーナーがいるチームも多い。現在のＥＮＥＯＳでは、片岡寛典、宮田泰成、日高一晃の３人のコーチと照屋英輝トレーナーがチームを支えてくれています。優秀なスタッフを揃えるにはそれなりの予算も必要ですが、環境作りも監督の仕事の一つです。

私にも専門外の分野があります。自分の経験や考えがすべてではありません。いろいろ勉強してはいますが、すべての分野で専門家になるのはやはり難しい。

その部分は、専門スタッフに任せています。もちろん、自分があまり詳しくは分からないからといって、任せっぱなしにするわけではありません。

たとえば投手の心理については、投手経験者にしか分からないこともあります。最初にＥＮＥＯＳを率いたときは、投手コーチの高橋憲幸がカバーしてくれました。慶大時代には２０１６年から２０１８年までは林卓史助監督、２０１９年は竹内大助助監督が投手を指導してくれました。現在のＥＮＥＯＳでは片岡が投手コーチを務めてくれています。

彼らは監督に服従するＹＥＳマンではありません。参謀です。ときには意見がぶつかることもありますが、監督である私がどう考えているかを感じ取りながら、彼らならではの目線やアプローチのしかたでチームの目指す目標に向かって尽力してくれます。

私は自分の経験や考えに固執せず、固定観念には縛られず、頼りになる参謀の意見を聞いて取り入れるべきものは柔軟に取り入れています。

「みんなが同じ方法でうまくいくとは限らないし、古い考え方が間違っていて新しい考えが正しいと決まっているわけでもない」という大久保監督。柔軟に、その時々の状況に合わせて必要なものを取り入れるため、形や方法論に縛られない指導を行っている

第3章

チームを導く

「ただ勝てばいいのではない。人として、チームとして、勝つべくして勝つ。「勝ち」と「価値」を同時に追求する」

監督の評価として、一番分かりやすいのは「勝利」という結果です。勝つことだけを考えるのなら、能力の高い選手を集めて、技術を伝えて、厳しい練習でガンガン鍛えていけばいいのかもしれません。

でも、私は「たとえそれで勝ったとして、どんな意味があるのか?」と考えています。「能力の高い選手が揃っているから勝てただけ」「強いけど、マナーや態度が悪い」「何回も優勝しているし、プロをたくさん輩出しているけど、あそこから出た選手は人としてどうなの? 会社ではまったく通用しないよ」……そんなチームでは誰にも愛されないし、応援してもらえません。

そんなチームではなく、みんなのお手本となるような「いいチーム」を作りたいのです。

いいチームの条件とは？

まず、野球ができるだけではなく、規律と品格を体現する人材を育てる。そういう人材を一人でも多く増やしていく。人間性がすばらしい人材が多ければ多いほど、チームは良くなっていきます。

そして、チームの目的や目標を全員が共有する。チームにはレギュラーもいれば、控え選手もいるし、ベンチを外れる選手もいます。それでも同じ方向へ向かって一人ひとりが貢献する意欲があれば、勝ったときにみんなが達成感を味わえるし、喜びを分かち合えます。

もちろん、いい取り組みをしていいチームになったからといって、必ず勝てるとは限りません。ただ、そういうチームであれば、応援してくださる方々にも「ＥＮＥＯＳは人として、チームとして、勝つべくして勝った」と喜んでもらえます。それでこそ、ＥＮＥＯＳという会社に野球部がある価値が生まれます。

社会人野球の場合は、会社の予算を使って野球をやっています。野球部は企業の宣伝・

広告であり、社員の一体感を作る象徴的な存在の一つ。ただ勝つだけではなく、勝ち方、チームのあり方も含めて求められます。

企業の活動として、野球部はお金という目に見える利益は生まないかもしれません。それでも、社員や取引先の方々の満足度を上げることはできます。

社員が都市対抗などの試合を観に来てくれて、選手たちの姿に「来てよかった。楽しかったな」とか「応援をワイワイやって、盛り上がったな」「選手が必死でやっているのが伝わってきた。スピード感があって、爽やかだったな」と感じてくれる。「よし、また明日から仕事を頑張ろう」と少しでも士気が上がって、仕事につなげてもらう。それが少しでも会社全体の利益が上がるきっかけになれれば、と思っています。

とはいえ、トーナメント方式でおこなわれる社会人の大会では、どんなにいい試合をしても、負けてしまえばそれまで。試合を観てくださった方にはチームのあり方から何かを感じていただけるかもしれません。でも、観られない人からすれば、結果だけで「あ、負けたのか」で済んでしまいます。内容など評価してもらえるはずもありません。

だから、私たちは「勝ち」と「価値」を同時に追求していかなければならないのです。

「技術の指導以上に、チーム作りに重点を置く。どんなチームを作るのか、自分にも選手にも問いかける」

私はプロ出身ではありますが、技術の指導以上に、「チームとは?」という点の指導に重点を置き、時間を割いています。ＥＮＥＯＳでも慶大でも同じです。

監督として、どんなチームを作っていくのか。どんな野球をしていくのか。自分自身に問いかけます。

出た答えを「勝ったときに１人でも多く達成感を味わってほしいから、こういうチームを目指している」と私から選手たちに伝えるだけではなく、選手たちにも問いかけています。

「何のために野球をやるのか?」

「どんな結果を導き出したいのか?」

「とにかくチームが優勝すれば、それでいいのか？」

「その目的や目標に対して、自分たちはふさわしいのか？　自分たちが今、やらなければならないことって何だ？」

特に就任した年には、監督と選手が考えをすり合わせていくことになります。

そのうえで、目指しているチーム像に対して、「今、この練習でいいのか？　チームの雰囲気はこれでいいのか？」と問いかけていきます。


単に「チーム一丸となろう」「みんなが同じ方向を向こう」と言ったところで、抽象的すぎて何も伝わりません。

どんなチームで、どんな野球をしていくのか。言葉はもちろん、行動や練習のしかたで具体的に伝えていきます。

伝えるには、工夫も必要です。ミーティングではただ口頭で伝えるだけではなく、スライドを作成してプレゼンテーションをしています。文字だけではなく、イメージできる写真や動画があれば、より分かりやすいでしょう。

こうしてチームの進むべき道が具体的に伝わり、選手たちがそれに納得して動き始めたとき、チームに大きな推進力が生まれます。

「チームが目指す方向から逸脱したら、たとえ主力選手でも特別扱いはしない。ただし、突き放さず、立ち直るきっかけを与える」

2013年の都市対抗の2回戦。JR北海道との試合は8対5で勝ちました。この試合で先発した三上は初回に2失点して、5回で降板しました。初回に平凡な投ゴロを捕って、一塁へ悪送球。その後も死球を与えたり、バント処理をミスしたり、ベースカバーが遅れたり……。彼の実力からすると、不甲斐ないプレーが続きました。三上なりに一生懸命プレーした結果だと思います。後から考えれば、緊張感もあってミスをして、そのミスで頭が真っ白になってミスの連鎖につながったのかもしれません。でも、そのときの私には、野球を舐めている、当たり前のプレーをないがしろにしているように見えました。

三上は2012年に法政大からENEOSに入ってきた投手です。嘉弥真が2011年のドラフトで指名されてプロへ行ったあとだったので、彼の加入は戦力として大きかった。1年目から先発として役割を果たしてくれました。

この2013年の都市対抗でも、三上を先発の軸として考えていました。しかし、私は準々決勝の東京ガス戦、準決勝の東芝戦では三上を起用しませんでした。

「勝ち」と「価値」を同時に追求する。私は常々、選手たちに「社会人として、大人としての責任を果たさなければいけない場所にいることを自負してほしい」と話しています。

この試合での三上のプレーは、会社を背負っている責任が果たせているとは言えませんでした。もちろん、ミスをしたこと自体を問題にしているわけではありません。

そういう選手を試合で投げさせるわけにはいかない。反省して自分を見つめ直すまで、マウンドには送れない。これで負けたらみんなに申し訳ないけど、しかたない。そう腹をくくっていました。

準々決勝、準決勝に勝ち、決勝に駒を進めました。

その間、私は三上が練習する姿を見ていましたが、起用されないことに不満を言ったり、不貞腐れたりはしておらず、しっかりと取り組んでいました。

投手陣は準決勝まで三上抜きで踏ん張ってくれたので、決勝のＪＲ東日本戦には先発できる投手が三上以外にはいないような状況でした。ただ、三上に反省の色が見えるからといって、私の独断で三上を先発させるわけにはいきませんでした。

準決勝が終わったあと、私は主将の渡邉貴美男に監督室に来てもらって、話しました。

「三上を投げさせたい気持ちはあるけど、みんなはどうだ？　本人は投げたいかもしれないけど、みんなはそれで納得するのか？　一度、話してみてくれ」

翌日の決勝戦の朝。三上が監督室に来ました。

「投げさせてください」

頭を下げた三上の目は充血していて、ギラギラしていました。私は「なんとしてもチームの力になりたい」という彼のパワーをものすごく感じました。これは大丈夫だと思い、先発での起用を決断。「信頼している。任せたぞ」と言いました。

三上は気持ちの込もった球を投げ、7回途中1失点と好投。チームは3対1で勝ち、51年ぶりの都市対抗連覇を果たしました。

三上を使わずに勝ち進めたから、言うわけではありません。やはり、目指すのは「勝ち」と「価値」。勝てばなんでもいいわけではなく、どう勝つかが大事です。三上を使わずに準々決勝か準決勝で負けていたとしても、後悔はしていないと思います。

チームが目指す方向から逸脱した選手やチームのルールを守らなかった選手がいた場合、たとえそれがエースであっても、四番であっても、私は特別扱いなどしません。ダメなものはダメ。「勝つために、ダメなことでも見て見ぬフリをする」とか「すごい選手だから、何をしても許す」ということはありません。

もし監督が「アイツだけは別だ」「今回だけはいいだろう」「これくらいはいいだろう」

という甘い考えを持つと、チームにとって命取りになります。

選手たちはそれを敏感に感じ取り、「なんだかんだ言っても、結局は勝てばいいんだ」「監督は言っていることとやっていることが違う」となります。

「千丈の堤も蟻の一穴から崩れる」という言葉があります。ほんのちょっとした油断が、大事を引き起こす。積み上げてきたチームの一体感も、ホンの少しのひび割れから、やがてバラバラになっていきます。そうならないためにも、監督は自分の言っていること、やっていることのすべてに責任を持たなければなりません。

ただし、そういう選手を突き放すことはしません。

「一発レッドカード」を出すのは簡単。でも、その選手もチームの一員なのです。突き放すことで、その選手の長所を消してしまったり、才能の芽を摘んでしまったりしてはいけません。また、その選手の分だけ戦力が下がるのは、チームにとってマイナスです。

私は愛情を持ってその選手に寄り添い、野球をする中で立ち直るきっかけを与えるようにしています。

「監督が見ていないところでも努力する選手はまわりの心を揺さぶり、チームの一体感を生む」

慶大の監督だった２０１８年秋の法大３回戦は、私にとって忘れられない試合です。６対６で延長に突入し、延長11回表の守りでは一死二塁から、後にＥＮＥＯＳで主将を務めることになる川口凌に右翼席への勝ち越し2ランを打たれました。しかし、その裏の攻撃で二死満塁から途中出場の大平亮が中前へ２点適時打を打って追いつきました。

迎えた延長12回裏。一死満塁の場面で、私は代打として長谷川晴哉を起用しました。

「お前なら結果はどうあれ、みんなが納得するから」

そう言って、送り出しました。長谷川が打席に入ると、ベンチにいる選手たちから「お前が一番やってきた！」という声が出ていました。

長谷川は遊撃左へ内野安打を打って、サヨナラ勝ち。4時間45分の熱戦でしたが、全員がゲームセットの瞬間までファイティングポーズを取り続け、つかみ取った1勝でした。

長谷川は誰もが認める「練習の虫」。気がつくとバットを振っていました。下級生の頃はベンチ入りするのは難しいかな……という選手でしたが、私は彼が野球に真摯に取り組む姿勢を高く評価していました。「サポート役に回ってくれ」と、学生スタッフ（学生コーチ）就任を打診したこともあるのですが、本人は選手であることにこだわりました。

2017年の8月。彼が3年生の夏、全早慶戦が熊本県で開催されました。地元・熊本県立八代高校出身の長谷川を代打で起用すると、早大の大竹耕太郎（当時4年、2018年ソフトバンク入団）から左翼席へ勝ち越し2ランを打った。この活躍がきっかけとなり、その後は代打要員兼ムードメーカーとして、ベンチには欠かせない存在になりました。

ベンチでは私のすぐ隣に立ち、赤いメガホンを片手にナインを鼓舞する。リーグ戦は約2ヵ月の長丁場。戦い抜くには技術や体力はもちろんですが、長谷川のような心の強い選手が絶対に必要です。そんな長谷川に、私はＬＩＮＥで「いつか、神宮でヒーローになる日が来たらいいな！」と言葉を掛けていました。この日、それが現実となりました。

チームで問われるのは、野球の技術の優劣だけではない。レギュラーとして試合に出ている選手と比べて、体力や技術は明らかに劣っていても、心の部分ではまったく負けていない選手がいます。「うまくなりたい」という思い、「チームに貢献したい」という思いが強い選手です。

そういう選手が陰で必死になって練習していると、メンバーに入っている選手は手を抜いたり、妥協したりするわけにはいかない。「もっとやらなければいけない」という雰囲気になっていきます。

選手の陰の努力は、指導者にも分かります。たとえば「以前より打球が飛ぶようになった」というような形となって見えるからです。

そういう選手がいたら、私は自分が見えていない部分を確認しています。といっても、練習後に個人練習をしているかどうか、こっそり見に行くわけではありません。マネジャーやまわりにいる選手に「どうなの？」と訊く。「夜も室内練習場で打ち込んでいますよ」「トレーニングルームで黙々とやっていますね」という答えなら、「ああ、やっぱりそうか！」と、とてもハッピーな気持ちになります。

仮に「そうでもないですよ」という答えだったとしても、ガッカリはしません。それならそれで、「なぜこんなに成長したんだろう」と興味がわいてくる。本人に確かめて「こういうことを意識したからです」「これをやり始めたのが良かったんだと思います」と、答え合わせをします。

慶大の監督をしているときは、こういう学生の成長がうれしかった。柳町がリーグ戦で通算100安打を達成したように、才能のある選手が順調に成長していくのはもちろんうれしい。でも、最初はベンチにも入れなかった選手が努力して、4年間でこんなに成長してくれた――というときは、また別のうれしさがありました。ひたむきに頑張る選手は、土壇場で期待に応えてくれる。そこに学生野球の指導者として、やりがいや面白さがあったと思います。

陰で努力している選手を試合で起用することは、まわりに大きな影響を与えます。全員が出場機会を得られるわけではなく、過程を認められてつかんだ1打席であり、1イニング。その選手が試合に出ている理由がチーム内の一人ひとりのハートに響きます。

その選手の努力を見てきている者が多ければ多いほど、「なんとか打たせてやりたい」「抑えてほしい」「守ってやろう」という気持ちになり、みんながグッとその瞬間に入り込む（もちろん、常にそういう気持ちでやってないといけないのですが）。みんなが同じ思いを共有できる時間と空間となり、ベンチに一体感が生まれます。みんなが同じ方向を向いているので、勝つ確率は上がるし、勝ったときには喜びを分かち合える。

長谷川が、それを体現してくれました。この法大3回戦のウイニングボールは、長谷川にプレゼントしました。きっと宝物にしてくれていると思いますが、彼の存在そのものが慶大野球部にとって大きな財産でした。

「ただの知り合い」から「仲間」になる。そこからチームは一つになっていく

慶大の監督1年目の頃は、「他人には興味がないんだろうな」と感じる学生が少なからずいました。

練習している姿を見ていると、自分がうまくなるための練習はちゃんとやっている。でも、他人の練習を見ていない。打撃練習でほかの選手がどんなにいい打球を飛ばしても、そこに興味がないから「ナイスバッティング！」という声が出ない。そういう学生は他人と関わるのを拒んでいるというか、「僕の世界に入ってこないでください」というふうに見えました。

全体ミーティングで話していたとき、「○○、どう思う？」と訊いたら、返事がない。そこで初めて、まわりがザワザワし始める。全体ミーティングなのに、その選手がいない。いないって、どういうことだ？　いないことに、誰も気づいていないのか？　気づいてい

るのに、それを隠しているのか？……そんなこともありました。

私は、「今の君たちを見ていると、ただの知り合いでしかない。同じ野球部にいるというだけ。そうじゃなくて、仲間になろうよ。仲間と同じ目標に向かって、同じ時間を過ごそうよ」と話しました。


仲間意識を持つには、まず他人に興味を持つことから。

「好き」の反意語は「嫌い」ではなく「無関心」。まずお互いに興味を持つことから、仲間意識が芽生えていきます。

前述したように、一人ひとりに自己肯定感があると、他人の長所も短所も受け入れられる。つまり、他人に無関心ではなく、興味を持てる。お互いにお互いを認め合い、大切に思うと、小さなことにも敏感に気づきます。

たとえば、ほかの選手に興味を持って打撃練習を見ているとき、いい打球が飛ぶと自然に「いいね！」と声が出ます。「アイツ、調子いいな」とか「アイツ、前より強く振れるようになってるな」と、変化や成長を感じるようになります。まずはそういう言葉が出るような雰囲気で練習していくことが、チームメートが「知り合い」から「仲間」になる出発点です。

そういう雰囲気で練習していると、仲間と同じ時間を共有して過ごしている実感もわいてきます。同じ3時間の練習でも、何となく「今日も終わった」ではなく、「充実した3時間だったな」と感じられる。

「アイツは今日もよく頑張っていたな」とか「アイツはいつもバットを振ってるもんな」と気づくようになると、次は、その選手が試合でヒットを打ったときに「ナイスバッティング！」という声が出るようになります。

うわべだけの声じゃない。本当に心から「いいぞ！」「良かった！」という気持ちが入った声。自分が「打った」とか「打てなかった」だけではなくて、ほかの選手のプレーまで、まるで自分のことのように一緒に喜んだり、悔しがったり……。

それはベンチ入りメンバーに限ったことではありません。

たとえば、ベンチ外のメンバーが試合のビデオを撮っている。その映像を観たとき、雑談が入っているようではダメ。アウトを一つ取ったときに「よしっ！」とか、勝った瞬間に「やった！」という声が入っていると、監督としてうれしいし、手応えを感じます。その試合に自分が出ていない悔しさは、当然あるでしょう。でも、人に興味を持ち、仲間意識があれば「チームが勝てた！」と素直に喜べるものです。

就任当初の慶大には、リーグ戦の試合で負けても、「3本打ったから、オレはOK」というような雰囲気がありました。ベンチ入りメンバーとメンバー外の学生の間には隔たりもあって、メンバー外の学生の中にはリーグ戦開催日なのに神宮球場に試合を観に来ないものもいました。

それが、少しずつ人に興味を持ち、だんだん仲間意識が芽生えていくにつれ、変わっていきました。全員が真っすぐに同じ方向を向いていたかどうかは分かりませんが、少なくとも「プイッ」と後ろや他所を見る学生は減っていきました。

「仲間以上の存在は「家族」。監督は「親」で、選手は「子」

就任2年目の2016年のチームは、優勝こそ逃したものの（春4位、秋2位）、主将の重田清一（元大阪ガス）を中心に「勝つためには、いいチームにならなければいけない」と、自分たちを見つめ直してくれました。

林助監督の提案で、試合後に全員が参加して「アフターゲームミーティング」を開催。選手同士が意見を出し合い、試合で出た反省点を確認して、次の試合に生かすようになりました。

ベンチ入りメンバー外の上級生が、積極的に練習のサポートに回ってくれるようにもなった。全員が「チームのために、自分ができることは何か」と考えるようになって、ベンチ入りメンバーとメンバー外の学生の隔たりもなくなっていきました。

彼らが築いてくれたチームの文化を、その後の代がアップデートしてくれました。

２０１７年のチームは、学生チーフスタッフの石井康平が「一事が万事。私生活の細かいところが野球にもつながる」と、寮内やグラウンド周辺の清掃、時間厳守など多くのことを徹底して、「当たり前」のレベルが上がっていきました。

このチームは、前述したように法大４回戦で粘りを見せ、その後は６連勝して７季ぶりの優勝を果たしました。

２０１８年のチームは、スローガンに「超越・独創・経緯～I GOT FAMILY～」を掲げました。慶大というチームは「ただの知り合い」から「仲間」になった。さらに越えるのは、「家族」だ――そんな思いを込めました。

家族なら、お互いのことが気になるし、心配する。時には兄弟でバチバチと競い合いながらも成長していく。

家族なら、「野球ができるから」といって特別に可愛がったり、「野球ができないから」といってバカにしたりはしない。みんな平等。

家族なら、仮に苦手なことや短所があっても責めるのではなく、得意なことや長所を見つけてあげる。足りないところは支えて合う。

家族なら、時には痛みを共有し合う。時には癒してあげたり、癒してもらったりする。

家族なら、慶大を卒業してからもその関係はずっと続いていく。慶大の野球部が気持ちよく帰れる場所、「家」であり、「故郷」になる。「オレたちが熱くなった神宮球場へ行ってみようかな」とか、結婚して子どもができてからも神宮球場に応援に来て、「父ちゃんは慶応で野球をやってたんだよ。試合には出られなかったけどな」というふうになっていくでしょう。

監督と選手との関係も、「家族」と同じです。対等のリスペクトはありながらも、人生の年数を重ねている監督は「親」であり、選手は「子」。やはり「子」の成長は気になります。朝起きてから、夜寝るまで彼らのことを考える。必然的にグラウンドに長い時間いて、見ていることになります。

距離感も同じです。「親」から「子」に歩み寄っていくパターンもあれば、「子」から「親」

に歩み寄ってくるパターンもある。お互いに歩み寄っていくパターンもあるでしょう。「親子」だから、それを計算してはやっていません。私が「あ、今は何も言わないほうがいいな」と感じたときは、ただじっと見守るでしょう。逸脱しそうなときは、そうならないようにグッと引き寄せるでしょう。

家族の間に、隠し事はありません。何か良くないことがあったとき、たとえば兄弟でケンカをしてケガしたのに「転びました」「ボールが当たりました」と嘘をつくとか、見つからないように隠すとか、報告しないとか……そういうのはやめようと、選手たちには話しています。

「親」としては、裸の王様にならないことが肝心です。

「監督はこうしたら怒るから」「こうしたら機嫌が良い」となってしまうと『監督を気持ちよくするための取扱説明書』ができて、選手たちが計算しながら動くようになる。それでは、私が求めるところと全く違う方向にいってしまいます。そもそも私は「気持ちよくしてもらおう」と思ってやっているわけではありませんから。

監督は「親」で、選手は「子」。大久保監督はそういう立ち位置で選手と接しているため、どちらから歩み寄るなどの計算はせずに、必要だと感じたままの距離感でコミュニケーションを取っているという

私は前田監督という尊敬できる方と出会えて、父親のように慕っていました。学生、選手たちにも「私と出会えてよかったな」と思ってもらえたら……と思います。今すぐではなくても、何年か経ってからそう思ってくれたら、監督として幸せです。

「チーム運営では全員がパズルのピース。一人ひとりに役割があり、みんながレギュラー。たった一人が欠けてもチームは完成しない」

野球はレギュラーの9人でやるものでも、ベンチ入りメンバーの25名だけでやるものでもありません。チーム全員でやるものです。

現在のENEOSのような30名の少数精鋭の集団でも、慶大のような部員が200名もいる大所帯のチームでも、同じことです。

試合には25名までしか出られませんから、「レギュラー」と「控え選手」、「ベンチ入りメンバー外」の区別はあります。でも、チーム運営では全員がレギュラーです。ユニフォームを着ていても着ていなくても、ベンチにいてもスタンドにいても、一人ひとりがチームの目指す方向に向かって、果たすべき役割があります。「家族」にもそれぞれに役割があるのと同じです。

ベンチに入ってプレーするもの。彼らをサポートする学生スタッフ（学生コーチ）やマネジャー。データ班。打撃練習のときに投手や捕手をするもの……。パズルにたとえれば、一人ひとりがピース。どれか1枚が欠けてもパズルは完成しないように、誰か一人が欠けてもチームは完成しません。

２０１８年の慶大は、春に東京六大学リーグ戦で２季連続36回目の優勝を果たしました。私が主将を務めた１９９１年の「春秋連覇」以来、27年ぶりの連覇でした。私はこのチームに、私たちの代のチーム以上のまとまりを感じました。

代が変わっての「秋春連覇」。前年の秋に優勝したチームから、岩見ら主力選手が抜け、戦力ダウンは否めなかった。そのチームを支えてくれたのが、リーグ戦の試合には出場しない、裏方の4年生たちでした。

学生チーフスタッフの泉名翔太郎と学生スタッフの大久保貴裕は、チーム全体を見渡し、練習を仕切ってくれました。東京六大学リーグで初めて女性部員として主務を務めた小林由佳は私と部員たちをつなぐ役割を果たしてくれました。

打撃投手を務めてくれた太田力、前田和真は、「オレのこの1球が、みんなのヒットにつながるんだ！」と、打撃練習で打者と真剣勝負をしていました。打者は「彼らの球が打てれば、試合でも打てる。彼らが1球1球大事に投げてくれる。オレたちも1球1球大事に打とう」と、打っていました。

すると、後ろで守っているほうも「勝負だ！」と思って、真剣に打球を捕る。内野手も外野手も一歩目を意識して、時にはダイビングキャッチまでする。打撃練習でそこまででするチームは多くはないと思います。
そういう練習では集中力が高まり、緊張感が生まれるので、まわりの状況に対して目配り、気配りができるようにもなっていく。たとえばフリー打撃を3カ所でやっていると、投げるタイミングが重なると、ほぼ同時に打球が飛び、「危ない！」ということがあります。投げるほうもまわりを見ながら、守るほうも集中しながらやることによって、不注意から生まれるケガやアクシデントが激減します。

また、データ班はデータチーフの成井智也、分析チーフの高木健輔、ミーティングチーフの小野航河が中心になって、チームの攻撃と守備をデータ面でサポートしてくれました。彼らとバッテリー陣がおこなう「バッテリーミーティング」の成果で、投手陣はリーグトップのチーム防御率2・08をマーク。前年秋の3・38を大幅に上回りました。

勝ち点3同士での対決となった明大3回戦の試合前。神宮球場でおこなう打撃練習を始めるとき、練習をサポートする4年生たちがバックネット付近で円陣を組んでいました。

そこから聞こえてきたのは、「今日は絶対に勝つぞ！」という声。「勝たせよう」とか「勝ってもらおう」ではなく、「勝つぞ」でした。それは、彼らも戦っているということ。162名の部員たちが「家族」になっている証でした。

だからこそ、試合に出ているメンバーもチーム全員の思いを背負って戦っていた。「簡単に負けるわけにはいかない」と、試合展開が劣勢でも最後までファイティングポーズを取り続け、8勝のうち5勝が逆転勝ちでした。

前述したように「野球ができるから偉いんじゃないよ」と言って、一人ひとりが役割を果たしながら、全員で同じ方向に向かっていく。背番号がついていても、ついていなくても、一人ひとりが「チームにとって必要とされているんだ」と実感すると、本人にとって大きな自信となる。そういうときに生まれる力の厚さが「チーム力」だと実感しています。

そういうチームが勝つのは、監督としてメチャクチャうれしいものです。優勝のうれしさはもちろん、学生たちの達成感がヒシヒシと伝わってくるのが、本当にうれしいのです。

「忘己利他の精神。自分だけのためではなく、仲間のためにチームに貢献する」

一人ひとりがチームのために役割を果たす。とはいえ、強制された自己犠牲を美化するつもりはありません。自分だけがよければいいという「利己の精神」ではなく、自分自身と同じくらい大切な仲間たちの中で「自分には何ができるのか」「何をすればよいのか」を自ら考え、気づき、動いてチームに貢献する。天台宗の開祖である最澄は「己を忘れて他を利するは慈悲の極みなり」と「忘己利他」を説きましたが、まさにその精神です。

本当はみんな、自分が試合に出て活躍することを目指しています。ただ、試合に出られる人数は限られている。練習にしても、時間と場所は限られているので、全員で平等に分けるわけにはいきません。そこはどうしてもセレクトせざるをえません。

ベンチ入りメンバーに選ばれなかった選手は、受け入れなければいけない部分もある。受け入れながら、自分の存在意義、存在価値、満足感をどうやって持てるか。「プレーヤーとしてではなくても、チームに貢献できている」と実感が持てるかどうか。

慶大では、B（二軍）、C（三軍）レベルの学生のなかにも4年生の最後まで自分の練習だけをして、A入り（ベンチ入り）だけを目指しているものもいました。

それを否定することはしませんでしたが、ベンチ入りメンバーに求められているレベルと自分を客観的に、冷静に考えてもらうようにしていました。

たとえば投手なら、今の自分に投手陣の7人、8人の枠に入っていけるだけのものがあるのか？　もし、自分が監督だったら、自分をベンチに入れるのか？　試合で使おうと思うのか？　他の投手たちに訊いたとき、何人が自分を評価してベンチに入れるのか？

投手なら、自分が投球練習をするときは、捕手が必要になります。その捕手の時間が20分、取られるとする。ネットスローをしたり、走ったりするだけなら一人でできますが、それだけというわけにはいかない。協力してくれる人は、本当は自分の練習をしたいのかもしれません。協力してくれる人が、その人自身の練習のために時間を使ったほうが、チームとしてはいいのかもしれない……。

仲間意識があり、チームメートは家族だと思っていれば、そういうところまで自然に気がつくはずです。

全体練習で与えられた時間は短いかもしれないけど、個人練習する時間は十分にある。その時間を使って、自分で這い上がる。そこまでしても、やっぱりベンチ入りが叶わなかった。そのときは、どこかでその事実を受け入れ、シフトチェンジする。大学の4年間という限られた時間での野球への関わり方として、プレーヤーとして頑張り続けることだけがすべてではありません。

たとえば、ベンチに入っていない4年生の投手が、試合のビデオを撮りにいく。それが下級生の仕事になるのが当たり前なのではなく、自分が動くことで下級生に練習させてあげようという気持ちになる。そういう一つひとつのことが、チームが良い方向に行くための行動になります。

チームへの貢献といっても、「強制されている」と思ってやっているのと、「自分もチームの一員になりたい」という思いがあるのとでは、大きく異なります。

心のどこかに「自分が試合に出たい」という思いや、試合に出られない悔しさ、虚しさがあるでしょう。それに、自分がチームのためにいい取り組みをしたから、チームのみんながいい取り組みをしたからといって、勝てるとは限りません。

それでも、忘己利他の精神で「チームのために」という思いを持って行動する。そうすると、勝った瞬間に綺麗ごとではなく、心の底から喜べます。「やってきて良かった」と達成感を覚えるし、自然と涙が出ます。

慶大では就任3年目（2017年）以降は2017年秋、2018年春、2019年秋と毎年、春か秋のどちらかのリーグ戦で優勝しました。4年生は優勝を経験して「慶大で野球をやって良かった」と感じながら、卒業してくれたのではないでしょうか。

私はそういう喜びを分かち合える「家族」を、一人でも多くしたいと思っています。

「胸の名前のためにプレーする。背中の名前のためにスタンドプレーをするものはいらない」

ＥＮＥＯＳのユニフォームには、胸に「ＥＮＥＯＳ」の会社名、背中に自分の名前が記されています。

選手たちには「オレたちは胸に記した会社のためにプレーする。背中の名前のためにスタンドプレーするものはいらない」と言っていました。

２００８年の都市対抗では、田澤が「会社に恩返ししたい」とＥＮＥＯＳのためにマウンドで腕を振って、13年ぶりの優勝の原動力になってくれました。まさに忘己利他の精神であり、胸の名前のためのプレーでした。

慶大のユニフォームには背中に個人名は入っていませんが、胸に「ＫＥＩＯ」の大学名が入っています。同じように「胸の名前のためにプレーしよう」と言っていました。

社会人野球の場合、野球部は企業の宣伝・広告であり、社員の一体感を作る象徴的な存在の一つ。「勝ち」を追求して「価値」を生み出すことで会社から給料を頂いています。プロ野球の場合はファンがいることが大前提。社会人野球でもファンは大事ですが、ファンの方々からお金を直接いただくわけではありません。そこはやはり「会社ありき」なので、なおかつ、ファンの方々への感謝はもちろん、会社への感謝の気持ちがなかったら、成り立ちません。

ENEOSでは野球だけで採用しているわけではありません。「プロに行くためのステップアップ。2、3年してダメなら辞めます」という選手は採りません。基本的には30歳前後で選手を引退してからは、会社で働いてもらうことを前提に採用しています。野球を引退してから働く期間のほうが長いわけですから、会社に対する思いがなかったら続きません。

「個の時代」と言われています。私は「集団行動を求めすぎると、個性が殺されてしまう」ということではなく、「集団の中で自分にしかできない役割を見つけることで、個性を生かす」ということだと考えています。

集団に所属せずに、一人でなんでもできる時代でもあります。その生き方が充実しているならそれでいいと思います。

でも、会社や大学に入り、野球部という集団に所属して、野球というチームスポーツをやっているのであれば、その集団の目標を達成することと、自分の目標を達成することの「ダブルゴール」を目指すほうがいい。

そのためには、まず集団の理念について理解を深めることです。

ＥＮＥＯＳグループには『地球の力を、社会の力に、そして人々の暮らしの力に』という理念があります。それをふまえて、私にはＥＮＥＯＳ野球部を、愛社精神を持ち、地域・社会に貢献し、多くの人々を「幸せ」に「笑顔」にするチームにしたいという思いがあります。

慶大には創設者である福澤諭吉先生が提唱した「独立自尊」の精神があり、慶應義塾体育会には元塾長の小泉信三先生が残した「練習ハ不可能ヲ可能ニス」があり、慶應義塾体育会野球部には前田祐吉監督の「エンジョイ・ベースボール」が受け継がれています。

私はＥＮＥＯＳでも慶大時代にも、それらの理念に沿った形で毎年の年頭に「今年はこういうチームにしたい」という私の思い、スローガン、目標を選手たちにプレゼンテーションしています。

「背中の名前のためにスタンドプレーをするものはいらない」といっても、私は集団からはみ出そうになった選手に「辞めろ」とは言いません。「ここに入ってこないとダメだぞ」と無理強いもしません。

自発的に「仲間」「家族」にならなければ、結局は「ダブルゴール」を目指すことができない。お互いにプラスになることは、あまりありません。逆に、無理強いすることで気持ちが苦しくなりすぎて、フェードアウトしてしまう場合もあります。

だから、私は「ウチはこれを元にしているよ」と理念や目標を選手たちにしっかり説明して、自発的に「胸の名前のために」と行動できるように促しています。

「集団の上位の2割は激励し、中位の6割にはヒントを与え、下位の2割にはルールの遵守を求める」

集団には「2対6対2の法則」があります。「働きアリの法則」とも言われ、上位の2割は優秀でよく働く。真ん中の6割は普通で、下位の2割は怠け者。会社であれば、上位の2割は仕事ができる優秀な人材で、中位の6割は普通、下位の2割は仕事ができない人という割合に分かれます。

大学野球や社会人野球のチームにも、当てはまります。私が重要視するのは、野球の技術のレベルというより、チームが目指す方向へ動いているかどうか、チームのために貢献しようと動いているかどうかです。

慶大時代には、学生たちに「野球ができるから偉いんじゃないよ」とよく言っていました。プロ注目の選手だから、スター選手だから、レギュラーだからといって、「何をしても許される」というような特別扱いは絶対にしませんでした。

「2対6対2の法則」における上位の2割には、指導者が目をかけすぎなくても自ら動きます。自分の目標が明確にある。将来プロを目指しているかどうかにかかわらず、このチームでやるべきことがはっきりしている。「今やっていることを何とか将来につなげたい」「とにかく今を充実したものにしたい」という思いがある。この上位2割のものたちは、そんなに心配する必要はありません。それぞれの思いを大事にしながら、確認しながら、激励し続けるのが指導者の役割です。

中位の6割には、上位2割に入っていけるようなヒントを与えたり、言葉を掛けたりします。私の気持ちとしては、上位の2割へ引っ張り上げたいのですが、「上位2割にならないとダメだ」とか「このグループじゃなくて、こっちに入りなさい」と言って無理やり引っ張り上げるのではなく、自分から入っていけるように導いていきます。

この中位6割の中でも、「2対6対2の法則」が当てはまる。上位2割に入っていきそうなものもいれば、下位の2割にブレそうなものがいます。下位の2割にブレそうなものも含めて、彼らには段階的な成長を促します。急に「10できる人間になれ」と求めるのではなく、「今は2しかできていないから、これをまず4まで持っていこうよ」と促す。今いる中位6割の中でも真ん中より上に行けるような、分かりやすい目標を提示していきます。

下位の2割には、チームへの貢献を求める前に、最低限のルールだけは守ることを求めます。

学生の場合は、そこでルールを破ったり、練習を無断で欠席したり、逸脱した行為が頻繁に続くようなら、親や学校と相談することになります。許容範囲を越えていて、それ以上の改善が見られないとなると、「退部勧告もやむなし」となってしまいます。

監督の役割にはチーム部員の生活指導も含まれます。あまりにも問題が頻発して、その対処に時間を割かなければならなくなると、グラウンドで「勝つ」ということに集中する時間が少なくなってしまいます。

しかし、この下位の2割を排除しても、残った8割の中でまた「2対6対2の法則」が当てはまり、下位の2割の集団が生まれます。だから、私としては「去るものは追わず」ではなく、追いたい。なんとかして引っ張り上げたいし、下から押してあげたいと思っています。

チームは「ファミリー」で、監督は「親」、学生は「子ども」。野球ができる子どもだけではなく、全員が可愛いのです。

「主将は選手間で決める。仲間から信頼されている主将の言動はチーム全員に伝わる」

社会人の30人の集団にしても、大学の200名いる集団にしても、監督の威圧的なトップダウンの組織ではなく、監督が責任を持ちながらも、選手が主体となった組織であることが理想です。

その中心となるリーダーが、主将です。

慶大の監督に就任してから、主将は私が任命するのではなく、選手間で決めていました。就任した2015年の主将はすでに横尾に決まっていましたが、2年目から重田、照屋塁（2018年Ｈｏｎｄａ鈴鹿入社）、河合大樹、郡司は、「キャプテンはその学年で決めなさい」と言って、同期の選手間で決めていました。

その学年の中から選ばれている人間だから、信頼はありました。仲間から信頼されているキャプテンであれば、言葉に重みもあるし、仲間に伝わります。

特に大学の野球部の場合は同学年の信頼だけではなく、後輩への影響力も必要です。下級生まで目が行き届くキャプテンでないと、チームをまとめていくことはできません。「自分が中心としてチームを引っ張っていきたい」という思いは必要ですが、思いだけで行動がともなわないと、仲間がついてこないでしょう。


チームの状況によって、主将の選び方も変わります。

社会人の常勝チームであれば、監督がある程度ベテランの選手を指名して、監督やチームスタッフとの間でパイプ役になってもらい、選手をまとめてもらうのが理想でしょう。監督が指名する場合は、あえて内気なタイプの選手を主将に指名して、その選手の内面に変化を促す場合もあるでしょう。

レギュラーではなくても、いろいろなところに気配り、目配りができる選手に期待して、主将に指名するケースもあると思います。この場合は選ばれた選手側も理解して、そう行動するでしょうし、まわりも「監督が求めているのはそういうところだ」と分かるでしょう。監督の意向と選手たちの意思がうまく合致すれば、チームはいい方向に行きます。北海道日本ハムの栗山英樹監督は２０２１年に「全員」を主将に指名しました。「全員の力が必要だから、全員がキャプテンのつもりでやってほしい」というのもいいと思います。自分が主将だと思えば、チームに入り込んでいけます。

私が最初にＥＮＥＯＳの監督になってチーム作りするときに、新人としてキャプテン経験者を多く採用しました。たとえば２００７年に入社した宮田泰成（２０２１年からＥＮＥＯＳコーチ）は慶大で、榊原浩司は駒大で主将を務めていました。それは主将経験者なら、どうやってチームを作るか、どうやってまとめていくかが分かると考えたからです。

ＥＮＥＯＳの現在の主将は、２０１９年に入社した川口凌です。

私が就任した直後の２０２０年は、これからチームが変わっていこうとしている時期でした。私は、年数や年齢を気にせず、気概があって、自分が先頭に立ってやっていけるような選手なら、入社１年目の選手でもやってもらってもいいと考えていました。

立候補制にしたところ、「自分がチームを変えたい」という選手が何人か手を挙げてくれました。その中で、選手間の投票で入社2年目の川口が選ばれました。

川口は一言で言うと「野球小僧」です。責任感はとても強いのですが、まだ若いので、チームの先輩たちに対して遠慮している部分もあって、言いたいことを我慢していることもあると思います。

言葉で鼓舞するタイプというよりは、自分が率先して行動することで引っ張っていくタイプのリーダーです。

2021年の2月にENEOSとどろきグラウンド（神奈川県川崎市）で2週間、強化練習を実施しました。その間、私も合宿所に泊まり込んだのですが、私は慶大の監督時代の習慣で5時前には起床していました。

選手は6時起床だったのですが、川口は毎朝5時からトレーニング室で素振りをしていました。誰も起きていない時間、誰も見ていない時間にそれをするのは、なかなか難しいものです。前日の夜には夜間練習もやっているし、朝早く起きようとしても、どうしても自分に言い訳をして、「まあ、今日はいいか」となってしまう。

でも、川口はやると決めて、毎日欠かさずにやっていました。

彼は2020年の都市対抗の1回戦・東邦ガス戦で初回に右翼席へ先制ソロを打つなどチームの勝利に貢献していますが、過去には「あの試合で自分が打っていれば」という悔しい思いもしています。「もっとうまくなりたい」という向上心を持っているから、強い意志があったのでしょう。私はその姿を見て、「こういう姿勢が、いい結果につながってくれるといいな」と思いました。今後の彼の活躍が楽しみです。

「目標とスローガンはチームにとっての灯台。明確に示して全員が共有することで、目指す方向へ進んでいける」

2019年12月にENEOSの監督となり、5年ぶりに指揮を執ることになりました。

目標には、4年間遠ざかっている都市対抗への出場と、3年以内に都市対抗で12回目の優勝を果たすことを掲げました。
その目標もさることながら、誰にでも愛されるような、野球界のお手本となるチームになることを目指しました。「勝ち」と「価値」の共有です。

就任当初、選手たちはどこか自信がないような顔つきをしていました。顔つきだけで判断するわけではありませんが、2012年、2013年に都市対抗で連覇を果たしたときの選手たちの目はギラギラと輝いていた。ミーティングでもグッと前のめりになって、私の話に入り込んでくるような感じでした。それが感じられなかったのです。
チームにも個人にも、意識改革が必要でした。それも、ちょっと変わったくらいでは足りない。「劇的に変わろう！」と、2020年のチームスローガンとして「ドラマティック　チェンジ」を掲げました。

理念に沿って、チームのあり方を示すのがスローガンです。目標とスローガンはいわばチームにとっての灯台。明確に示し、全員が共有する。その毎日を積み重ねることで、チームが目指す方向へ進んでいけます。

キーワードとして「V字回復」と、「負けるのは、もう懲りた」とかけて「忘己利他」を挙げ、私の監督としての信念やENEOSの野球部はどういうチームであるべきか、そのためにはどうしていくべきなのか（つまり、これまでこの本の中でお伝えしてきたこと）を選手たちにプレゼンテーションしました。

目標とスローガンは、その灯りを選手全員がとらえることができなければ意味がない。難しすぎてもよくありません。私は普段から指導書や哲学書を読んだときや、流行の音楽の歌詞、心に刺さった言葉などを書き留めています。そして、まずは自分自身がその言葉を理解できているかどうか、自問自答します。

ENEOSのあるべき姿。つまり全力疾走や投球への反応、バックアップは、私が監督として譲れない価値観です。そこは主張して、選手たちに理解してもらう努力をしなければなりません。

価値観を選手たちと共有するには、やはり普段の練習が大事です。練習の中で灯台の灯りが選手たちに届いているか、確認します。

2020年の新型コロナウイルス感染拡大の影響による自粛期間中には、合宿所から外出を禁止。選手にとって野球と、そして自分と向き合う機会となりました。野手は打球速度160キロ、投手は球速150キロという目標を立てて、練習していました。

自粛期間明けの6月には、小豆澤に1000本ノックを打ちました。彼は良い選手ですが、ちょいちょいイージーミスをしていた。ちょっと軽いプレーに見えるところがあって、持っている力を発揮できていませんでした。「もっと1球を大事に」という執着心を感じてほしいなと思っていました。私も1000本ノックをやった経験はないし、それが技術の習得に効果的かどうかは分かりません。でも、「何でもやってみないと、分からないよ」と、最初は特守の延長のつもりでやっているうちに1000本に達していました。

自粛期間のうちに、投手陣では柏原が復調したり、ケガをしていた藤井聖（2021年楽天入団）が復帰したりしたこともあって、自粛期間明けのオープン戦ではある程度試合が作れる状況になっていました。

選手たちにも「こういう野球をしていけば勝つ」ということが伝わり始めました。負けている状況でもファイティングポーズを取り続けるようになって、私が「今日の試合は結果的には1点追いつけなかったけど、そういう姿勢は出してくれていたな」と感じる試合が増えました。そして、それはだんだん当たり前になっていった。私は「ああ、勝っていたときの雰囲気だな」と手応えを感じていました。

対戦相手のチームも、試合前の練習や試合での戦い方から「あれ？　今年のＥＮＥＯＳは変わったぞ」「雰囲気が今までと全然違うな」と見ていたようです。

試合で結果が出れば、選手たちも「やっていることは間違っていないんだ」と自信を持て、さらにいい取り組みができるようになる。「勝利」と「育成」の両輪が、勝って育ち、育って勝つという好循環になり、チームが前に進んでいけます。

ミーティングでは、最初はなんとなく聞いているだけのように見えましたが、前のめりになっているのが分かるようになりました。

グラウンドの周辺はもともと整理整頓されていたのですが、見えないところ、ちょっとしたところまできれいになっていきました。最初はグラウンドに葉が落ちていて、私が「これはどうなの?」と指摘するようなことがありましたが、いつの間にか選手が自ら落ち葉に気づくようになりました。

私が求めていた「チェンジ」は、まさにこういう変化です。急に三振をバンバン取るようになるとか、ホームランをガンガン打つようになることではありませんでした。

迎えた2020年9月の都市対抗野球大会西関東予選。ブロック決定トーナメントでJFAM EMANONに9対1で勝つと、代表決定リーグ戦では東芝に3対0で勝利。三菱パワー戦では延長12回に小豆澤が右翼線へ2点適時二塁打を打って、5対3で勝利。5年ぶり50度目の都市対抗出場を決めました。

この西関東予選の3試合で小豆澤は打率・538(13打数7安打)をマークして、首位打者賞と最優秀選手賞に輝きました。

１０００本ノックを受けた小豆澤が活躍したのは偶然かもしれませんが、１球の大切さを感じたことが持っている力を発揮できるように変わるきっかけになったのだと思います。

就任1年目で、５年ぶりの都市対抗出場。チームが危機的状況にある中で監督として呼ばれた。本当は都市対抗で優勝することが目標なのですが、２０２０年はやはり「出場」。東京ドームに行くことが最低限の目標でした。それができて、１つの恩返しができたとホッとしました。

「チームは毎年毎年異なる。目標やスローガンも年によって変わる」

２０２０年の都市対抗では、１回戦で東邦ガスに勝ち、大会史上初のチーム通算１００勝を達成することができました。

新型コロナウイルスの影響もあって、業績が落ち込みがちな会社に明るいニュースを届けることができました。

一番うれしかったのはお客さま、私たちにとっては特約店（ガソリンスタンド）の方たちがすごく楽しみにしてくれていて、「今年は良かったね」と喜んでくださったことです。

東京ドームで応援するのを心待ちにしていた方がたくさんいてくださった。2020年は1試合あたりの入場者数を1万人以内に制限してチケットは全席指定でしたが、東邦ガス戦ではENEOS側の席があっという間に売れたと聞きました。

しかし、都市対抗に出場して100勝を達成したことに、満足感はまったくありません。2021年の目標は「都市対抗優勝」と、「全国大会すべてでベスト4以上」としました。

スローガンには「走・爽・そう⤴！　～○○の為に～」を掲げました。「走」は全力で走り抜けるといった姿勢。「爽」は爽やかな雰囲気を持ってフレッシュに戦っていこうという姿勢を表しています。

「そう⤴!」は、選手がプレーの要領をつかんだとき、チーム全体で思いが一致して良い結果が出たときの「そう!　それ!」という声を表しており、こういう状況がたくさん生まれてほしいという思いを込めています。

「～○○の為に～」には、応援してくださる方をはじめ、選手それぞれが思う誰かのために戦い、勝利を届けようという思いを込めています。

チームは生き物であり、毎年毎年異なります。それにともない、目標やスローガンも年によって変わります。

2020年は就任1年目でしたので、お互いにどこに向かうのか、まだまとまっていなかった。2021年は目標やスローガンを共有してきた1年間を経ています。この1年の間に選手の姿、思い、行動や発言を見てきていますので、それらを加味して目標を立てました。

ENEOS野球部は、2021年はこの目標とチームスローガンを灯台として、皆様から応援される「常勝　ENEOS」に進化していけるよう邁進しています。

大切なことは「胸の名前のためにプレーする」という意識。ENEOSとどろきグラウンドで、大久保監督は選手の日々の成長を温かく見守っている

あとがきに代えて

「監督として選手たちの夢先案内人でありながら、自分自身も夢追い人でありたい」

ここまでお読みいただき、ありがとうございました。

私の経験や考えが当てはまるチームもあるでしょうが、まったく当てはまらないチームもあるでしょう。それぞれのチームにいる人や人数、競技レベル、目標や目的、求められていることなどが違うのですから、それが当然だと思います。

監督という仕事には「こうすれば勝てる」「こんな指導をすれば必ず人やチームが育つ」という正解はありません。

私自身、「これでいいのか」と、自問自答する日々の繰り返しです。それでも答えは出ませんし、そこにゴールなどありません。「これが答えだ」「ここがゴールだ」と満足した瞬間に、監督としての成長は止まってしまいます。

そんな「監督」という立場になったときに、自分一人ではなくて、まわりにベストを尽くしてくれる仲間が必ずいます。コーチ、マネジャー、選手たち。彼ら「家族」との出会いに、つくづく感謝しています。

縁とタイミングがあって、今、このチームで「親」と「子」として出会えた。もし1年でもズレていたら、この仲間とは出会えなかったかもしれません。

選手たちは、夢追い人です。野球部という集団の中で、チームの目標達成を目指しながら、自分の夢を実現していく。

監督は、夢先案内人です。私は「親」として、「子」たちの将来まで案じながら、私が人生を歩んでいく後ろ姿で学んでもらえるように、生きていきたい。迷ったときには楽な道ではなく、困難な道を選びたい。達成できないかもしれないこと、まわりから「それは無理だよ」と言われるようなことにチャレンジしたい。そのほうがワクワクするし、楽しいし、カッコいい。私はそう思っています。

私自身が「野球をやっていてよかった」と言える幸せな人生にすることが、後に続く野球人に示し、残せるものだと考えています。名曲『マイ・ウエイ』の歌詞のように、「私には愛する野球があるから　信じたこの道を　私は行くだけ」です。

偉そうに言っていますが、私も道半ば。まだまだ夢追い人でもあります。これからもいろいろな人から学びながら「勝ち」と「価値」を追求して、朝起きてから夜寝るまで仲間と野球のことを考える日々を送っていきたいと考えています。

2021年6月　神奈川県川崎市　ENEOSとどろきグラウンドの監督室にて

ENEOS野球部監督　大久保秀昭

大久保秀昭

（おおくぼ・ひであき）

1969年7月3日生まれ。神奈川県出身。桐蔭学園高を経て、慶大では4年時に主将（捕手）で春秋連覇。日本石油では社会人ベストナインを4度受賞。96年アトランタ五輪で銀メダルを獲得。同年秋のドラフト6位で近鉄入団。2001年限りで引退後は球団職員を経て、04年に横浜二軍コーチ。06年に新日本石油ENEOSの監督に就任し、都市対抗優勝3度、日本選手権優勝1度。12～14年にかけて都市対抗13連勝、12年の都市対抗、日本選手権、13年の都市対抗と"3連覇"で15連勝の記録を持つ。15年に慶大監督就任。17年秋、18年春、19年秋にリーグ優勝。同秋の明治神宮野球大会を制し同監督退任。12月1日からはENEOS監督に復帰。NPBでの通算成績は83試合、打率.232、2本塁打、11打点。

優勝請負人《ゆうしょううけおいにん》の“導《みちび》く力《ちから》”

ENEOS 大久保秀昭《おおくぼひであき》［野球部監督《やきゅうぶかんとく》］の流儀《りゅうぎ》

2021年7月10日　第1版第1刷発行

著　　者／大久保秀昭
発 行 人／池田哲雄
発 行 所／株式会社ベースボール・マガジン社
〒103-8482
東京都中央区日本橋浜町2-61-9 TIE浜町ビル
電話　03-5643-3930（販売部）
03-5643-3885（出版部）
振替　00180-6-46620
https://www.bbm-japan.com/
印刷・製本／広研印刷株式会社

Printed in Japan
ISBN 978-4-583-11388-3 C0075